Bönnsch

Jebubbels

Herbert Weffer

Bönnsch Jebubbels

Erweiterte Auflage mit über 1000 Redensarten von

In Bonn wird bönnsch jebubbelt

1998

BOUVIER VERLAG · BONN

Bildnachweise

Stadtarchiv Bonn: Innendeckel vorn. *Die Vogelschau von Bonn im Jahre 1888 nach Lithographie von L. Wagner.*
Sammlung Herbert Weffer: Innendeckel hinten. *Stadtplan von Bonn aus dem Jahre 1925 nach Lithographie von W. C. Rübsamen.*
Illustrationen auf Einband und im Text: *Frei nach Ludwig Richter.*

Die Deutsche Bibliothek – CIP-Einheitsaufnahme

Weffer, Herbert:
Bönnsch Jebubbels / Herbert Weffer. -
Erw. Aufl. mit über 1000 Redensarten von
In Bonn wird bönnsch jebubbelt. -
Bonn : Bouvier, 1998
1. Aufl. u.d.T.: Weffer, Herbert: In Bonn wird bönnsch jebubbelt
ISBN 3-416-02831-7

© Bouvier Verlag Bonn 1998. Printed in Germany. Umschlaggestaltung: Michael Fischer, Köln. Satz: Bouvier Verlag, Bonn. Druck und Einband: Druckerei Plump, Rheinbreitbach.
Gedruckt auf chlorfreiem Papier.

Inhalt

Vorwort zur ersten Auflage

In meiner Jugendzeit, in den Jahren vor dem Zweiten Weltkrieg, war man sehr darauf bedacht, daß Kinder vor der rauhen Wirklichkeit verschont blieben. Man wies ihnen ein strenges und gesittetes Leben vor und achtete darauf, ihnen derbe Erfahrungen zu ersparen. Dazu gehörten auch derbe Aussprüche. Richtiger wäre wohl eher ein langsames Hineinwachsen in Alltagsdinge und Alltagssprache gewesen, denn gerade das abrupte Erleben von bis dahin für unmöglich gehaltenen Dingen schockt ein Kind sehr.

So ging es auch mir. Als ich 13 Jahre alt war, sah ich dem Knecht meines Großonkels beim Holzhacken zu. Das Unglück wollte es, daß mir plötzlich mit voller Wucht ein Scheit gegen die Nase flog. Zuerst sah ich Sterne, dann viel Blut, dann kam mein Großonkel gelaufen. Während der Knecht Wasser holte und ich gerade mit der Überlegung begann, ob aufgrund eines dumpfwehen Gefühls in der Gesichtsmitte meine Nase zerschmettert oder überhaupt nicht mehr da war, hörte ich in meiner Verzweiflung den Großonkel ruhig sagen: *Enem Drieße darf me zoluére, ävve enem Holzhaue net.*

Jetzt war ich gleich doppelt geschockt, und das so sehr, daß ich für einen Moment sogar meine Schmerzen vergaß. Nicht etwa, weil er hinten kein *r* sprach, denn das war mir als Bonner, oder besser gesagt als *Bonne,* bekannt. Nein, erst war es die Sorge um den Erhalt meiner Nase, und jetzt, was mir total unverständlich war, dieser unmögliche Ausspruch meines Großonkels, den ich bis dahin für einen halben Heiligen gehalten hatte.

Nun, meine Nase blutete bald nicht mehr, nachdem ich den Kopf nach hinten gebeugt und das Gesicht abgewaschen hatte. Sie *bremschte* zwar noch einige Stunden und sie ist heute etwas größer als eine Durchschnittsnase, aber ich kann nicht mit Sicherheit sagen, ob jenes Holzstück daran schuld ist.

Aber etwas anderes blieb haften: der Ausspruch meines Großonkels, den ich ihm niemals zugetraut hätte. Dabei war das eigentlich nichts Außergewöhnliches. Er und auch andere, die ich kannte, steckten voll von diesen und noch schlimmeren Redensarten, was ich allerdings erst viel später bemerkte. Nur in der Gegenwart von Kindern zügelte man sich. Bei *mingem Onjlöck* war eben mal so ein Ausspruch *erusjeflutsch.* Oder steckte die Absicht dahinter, mich von meinem Unglück abzulenken?

Und noch was anderes blieb mir: das Interesse an solch derben und weniger groben Bonner Aussprüchen. Als Kind hörte ich sie auch weiterhin nur selten und meist dann, wenn die Erwachsenen glaubten, unter sich zu sein. Nur ab und zu konnte ich etwas aufschnappen, den Sinn verstand ich nicht immer. Mein Interesse blieb auch später, weil ich nun befürchtete, viele dieser Ausdrücke könnten für spätere Zeiten verloren gehen. Denn die Zeit wurde immer *hochdeutscher.*

Deshalb begann ich, diese Ausdrücke zu sammeln, wie andere Briefmarken oder Bierdeckel zusammentragen - teilweise im Kopf, teils auf den letzten weißen Seiten meines Taschenkalenders, teils auf schönen Karteikarten.

Fast jeder, der davon in den letzten Jahren erfuhr, meinte, diese Aussprüche müßten gedruckt erhalten bleiben. Als sich dann auch noch ein Verleger dafür interessierte, bin ich weich geworden und habe meine Sammlung geordnet und möglichst lesereif aufgeschrieben. Daraus ist das geworden, was auf den folgenden Seiten steht - hoffentlich zur Freude der Leser.

Mit dieser Veröffentlichung möchte ich nicht nur die vielen *Bönnsche Ussdröck* erhalten, sondern auch die Liebe zu unserer Mundart, dem *Bönnsch-Platt,* wachhalten und den jüngeren Menschen näherbringen. Sie soll auch etwas fröhliche Abwechslung in das oft triste Alltagsleben tragen.

Für die vielfach recht derben Aussprüche möchte ich um Verständnis bitten, aber sie gehören nun einmal dazu. Selbst erfunden habe ich, auf Ehrenwort, keinen einzigen.

8

Vorwort zur neuen erweiterten Auflage

Obwohl die erste Auflage schon viele Jahre her ist, werde ich auch jetzt noch laufend gefragt, warum denn *datt bönnsche Jebubbels* nicht mehr zu haben sei. Als ich dann in der Vorweihnachtszeit des Jahres 1997 das zu meinem 70. Geburtstag erschienene Buch „Behütet, bebombt und Steine geklopft" in die Bonner Buchhandlungen brachte, wurde ebenfalls immer wieder danach gefragt.

Da das Buch sich so durch Empfehlungen von Lesern selbst wieder auf den Markt gedrängt hat, habe ich mich entschlossen, den Text zu überarbeiten und das damalige Büchlein durch neue Passagen und neue Kapitel zu ergänzen. Auch die vielen Redensarten, die sich bei mir zusätzlich in den letzten 15 Jahren angesammelt haben, kann ich nunmehr mit Freude der Öffentlichkeit übergeben, damit auch sie erhalten bleiben. Da die im vorgenannten Buch eingestreuten Zeichnungen „frei nach Ludwig Richter" bei den Lesern eine sehr gute Resonanz gefunden haben, war es für mich fast selbstverständlich, auch dieses Buch auf diese Art mit vielen Bildern zu illustrieren.

Allen, die in vielen Jahren in meinem Umfeld waren, danke ich für ihre mir ohne Absicht gegebenen Aussprüche. Ganz besonders danke ich meiner Frau, die das alles ertragen und redigiert hat. Dank sagen muß ich auch dem Verlag Bouvier, daß er die Herausgabe übernommen hat und er so als Bonner Verlag nun auch ein *bönnscher Verlag* geworden ist.

Ich wünsche den Lesern viel Vergnügen und dem Buch eine große Verbreitung, damit möglichst viele sich daran erfreuen können.

Bonn, im Herbst 1998
Herbert Weffer

1. Mit Platt geht's besser

Von kleinen Kindern kann man hier oft schon die treffendsten Ausdrücke in Bonner Mundart hören. Wie etwa vom Fritzchen, der zu Sankt Martin, also *am Märtesdahch,* einen Weckmann bekam und ihn nicht mehr losließ. Als er ihn abends auch noch mit ins Bett nehmen wollte, gab seine Mutter erst nach langem *Kwängele* nach und nur für das eine Mal. Doch Fritzchens Blase hatte die Nacht nicht durchgehalten und so war gleich dem Bett auch der Weckmann naß geworden. Nun sei er *fihs on weech,* meinte die Mutter, sie müsse ihn wegwerfen. Doch Fritzchen wußte Rat: *Jävve me en doch de Oma, die zopp doch suwisu alles.*

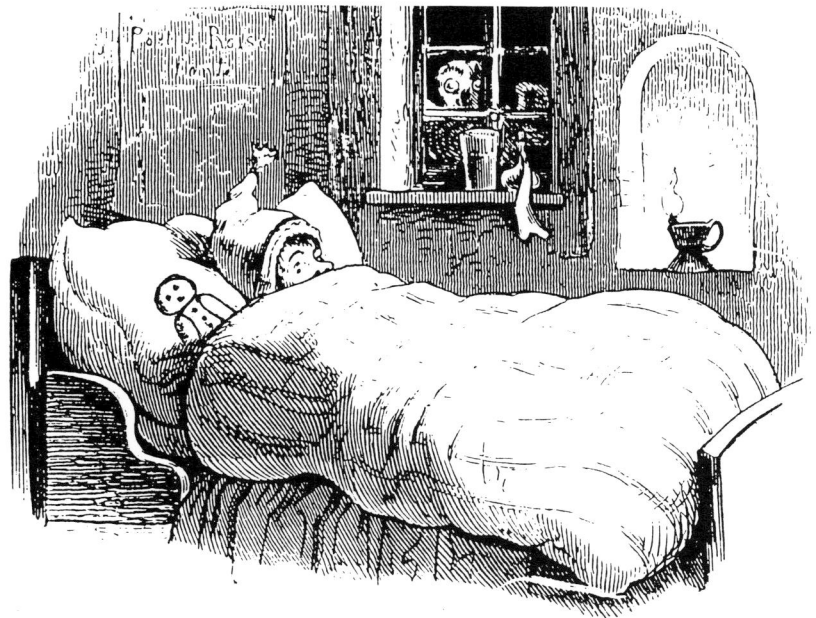

1. Fritzchens Blase hatte die Nacht nicht durchgehalten, weshalb sein geliebter Weckmann, der wohl tiefer gerutscht sein mußte, weggeworfen werden sollte. Doch Fritzchen wußte Rat, wie er zu retten sei.

Besonders schön am Bönnsch-Platt ist aber, daß man damit etwas sagen kann, wozu man sich im Hochdeutschen nicht trauen würde. Hinzu kommt noch, daß man viele Dinge auch gar nicht so treffend ausdrücken könnte. Wenn man versucht, bönnsche Ausdrücke ins Hochdeutsche zu übertragen, merkt man erst, wie reich dieser Dialekt ist.

Zudem kann man viele Wörter ganz einfach nicht übersetzen. Man sagt beispielsweise in Bonn von einem aufdringlichen und anstrengenden Menschen: *Der hätt me de Pläät jäck jemaat.* Wörtlich übersetzt würde das heißen: „Der hat mir die Glatze verrückt gemacht." Und schon ist die ganze schöne Redensart *em Ämme,* also im Eimer. Wie auch etwa von einem, der sich kränklich fühlt und *mir jeht et net noh de Mötz* sagt. Hochdeutsch würde das heißen: „Mir geht es nicht nach der Mütze." Undenkbar.

Beim Schlafengehen, mitunter auch, wenn jemand tagsüber einen müden Eindruck macht, kann man hören: *Naach Mattes, blos de Lamp uss.* Solch eine Äußerung nimmt keiner krumm. Man stelle sich aber vor, jemand würde sagen: „Gute Nacht Mathias, blase die Lampe aus." Wie schon gesagt, kann man Dialektwörter oft kaum übersetzen, etwa *Jesöcks,* womit das Gegenteil von feinen Leuten am unteren Rand der Gesellschaft gemeint ist. So auch *mutz jemaat,* wenn einer beim Spielen alles verloren hat. Oder *Schlöres* für besonders dünnen Kaffee.

Dann gibt es noch die gewollt umständlichen und übertriebenen Aussprüche wie *et hätt aanjefange opzehüere ze räne,* womit sich der Bönnsche selbst *op de Ärem nimb.* Oder noch umständlicher und *met Knubbele:* „Ich bin ja schon am dransten am tuén am sein." Das ist eine bewußt gewählte holperige Art, den zur Besänftigung gedachten Ausspruch *ich ben joh ad drahn* ins Hochdeutsche zu übertragen. Man will damit sein zu spätes Anfangen humorvoll aus dem Gespräch bringen.

Manchmal wird auch eine erwartete und ausgebliebene Reaktion ins Gegenteil verkehrt. Hat jemand beispielsweise vergessen, Dankeschön zu sagen, hört man oft hinterher: *Der hätt noch net emol läck mich am Aasch jesaat.* Auf die Frage, wer etwas Bestimmtes getan habe, gibt es allerlei ausweichende Antworten, wie *de Blosaasch* oder *de Nubbel us de Brödejass.*

Ähnlich lautet es auf die Frage nach dem Wohin einfach *nom Nubbel.* Nicht gern hört man die unbestimmte Zeitangabe *bahl* auf die Frage: Wann? Dann erhält man unweigerlich die gern verwendete Erwiderung: *Bahl es noch wigg von de Zahl.*

Eine Bonner Eigenart ist das Zusammenziehen von zwei Wörtern. *Hamme* heißt haben wir, *domme* tu mir, also gib mir, und *jomme* gehen wir. Ähnlich auch *hadde* für habt ihr, *somme* für sollen wir und *lomme* für laßt uns. Im Wortlaut hört sich das dann so an: *Hamme Loss, dann domme ehne Stock, dann jomme; hadde alles, somme, dann lomme.* Sehr bekannt ist auch der Satz: *Hamme kehne Hamme, nämme me ehn Zang.*

Für das Wort „sehr" gibt es im Bönnsch-Platt gleich drei verschiedene Wörter. Außer dem ähnlichen aber wenig gebräuchlichen *sir* haben wir noch *äresch* und *knattsch.* Man weiß ganz einfach, welches im Zusammenhang richtig ist. Wenn etwas besser ist, dann ist es *sir schön.* Und wenn es um die Menge geht, dann wird *äresch* bevorzugt, also *äresch vell.* Aber es geht auch umgekehrt, *der Bönnsche nimb datt net esu jenau.*

Bei Bezeichnungen für Menschen und grelle Farben gibt es ebenfalls das gern benutzte *knattsch.* Man kann *knattschjälev* angezogen und gleichzeitig *knattschverdötsch* sein. Dann gibt es in Bonn noch Steigerungen für Wörter, die sich eigentlich kaum übertreiben lassen, wie etwa bei nackt, naß, rein und egal. Das hört sich dann bei uns so an: *Puddelnackisch, dressnaaß, röperehn, scheißejal.*

Auch von Ludwig van Beethoven ist bekannt, daß er die Bonner Mundart sprach. Als Peter Joseph Lenné, der später berühmt gewordene Gartenbaudirektor, ihn im Oktober des Jahres 1812 in Wien besuchte, freute sich Beethoven nach 20jähriger Abwesenheit von Bonn über den Besuch aus seiner Geburtsstadt mit den Worten: „Dich versteh' ich, du sprichst Bönnsch. Du mußt sonntags immer mein Gast sein ...“ Als Beethoven schon taub war, erhielt er im Jahre 1816 in Wien den Besuch des Peter Joseph Simrock, Sohn seines Bonner Verlegers Nikolaus Simrock. Weil der große Musikmeister in seiner Taubheit den jungen Simrock besser als andere verstand, nimmt man an, daß dies wegen des Tonfalles der Bonner Mundart nur möglich war.

Leider ist bei den ganz feinen Bonnern das Bönnsch-Platt nicht immer beliebt. Die vielen im vergangenen Jahrhundert in Bonn zugezogenen Beamten, Professoren, Offiziere und Millionäre sowie reiche Rentner sprachen natürlich Hochdeutsch. So wollte man auch reden - und nicht wie die gewöhnlichen Leute. Das ging schließlich so weit, daß man den Kindern das Plattsprechen verbot, weil man glaubte, dann auch zu den feinen Leuten gerechnet zu werden. Das Vorsprechen ging aber oft *donävve.* So belehrte einmal ein Vater den Sohn mit den Worten: *Me sät net, er sät, me sät er sachte.*

Die Bonner Mundart wurde von der Frankenzeit bis zum 18. Jahrhundert von allen hiesigen Einwohnern gesprochen. Sie ist keine schlechte Sprache, die etwa aus dem Hochdeutschen abgespalten wäre. Sie ist sogar noch viel älter als das Schriftdeutsch. Wie oft freute sich und freut sich ein alter Bonner in der Fremde, wenn er am Dialekt eines anderen die gemeinsame Heimat erkennt! Bönnsche sollen Platt und Hochdeutsch können, jedes am richtigen Ort. Bönnsch-Platt gehört zu Bonn wie der Rhein - der seit 1969 nicht mehr an Bonn vorbei, sondern durch Bonn fließt - und muß immer untrennbar mit dem Wesen der Menschen unserer Heimat verbunden bleiben.

2. Der bönnsche Infinitiv

Ziemlich bekannt ist auch der Satz: „Ich ben die Koh am Stätz am Stall am eruss am träcke." Hier haben wir es mit dem rheinischen Infinitiv mit „am" zu tun, der gerade in Bonn so beliebt ist, weil man damit ein Ereignis so schön andauern sieht. Wenn der Bonner sagt, *et es am räne,* dann sieht man förmlich, daß der Regen seine Zeit braucht. Wenn man „fährt" geht das schneller vorbei, als wenn man *am fahre es.* Noch länger *trick sich* jedoch die bönnsche Form des rheinischen Infinitivs. Das ist dann der bönnsche Infinitiv mit *drahn am.* Wenn man beispielsweise sagt, *et es drahn am räne,* dann hat man noch länger was davon. Dieser bönnsche Infinitiv wird besonders gern zur Beruhigung gebraucht, wenn einer einen Termin nicht eingehalten hat. Das hört sich dann so an: *Ich ben joh ad drahn am tapeziere.*

2. Gemäß dem bönnschen Infinitiv sind auf diesem Bild die Kinder *drahn am Musik am maache.*

In einer Sylvesternacht zündete jemand übermäßig viele Raketen, um zu zeigen, was er sich alles leisten kann. Dazu sagte ein Nachbar, der wohl auch die Brandgefahr fürchtete, *der es sing Minderwertichkeitskompläxe met Rakete drahn am betäube.*

Um auf den Ausgangssatz zurückzukommen, kann man diese Tätigkeit mit dem bönnschen Infinitiv noch länger ziehen: Es heißt dann: *Er es drahn, die Koh am Stätz am Stall am eruss am träcke.*

Wer so spricht, kann nur *ene Bönnsche* sein. Bei solcher Ausdrucksweise lernt man schnell den Unterschied zwischen einem Bonner, *enem Bonne* und *enem Bönnsche.* Letzterer ist nur, wer hier geboren ist und seit Generationen hier wohnt. *Ene Bonne* ist man schon, wenn auch die Eltern schon hier geboren sind und gelebt haben oder wenn man die hiesige Mundart gut beherrscht. Bonner ist man schon, wenn man hier geboren ist oder hier lebt.

Sehr beliebt ist auch der Infinitiv mit *donn,* also mit tun. So wie man *drahn am schlofe* sein kann, ist es auch möglich, daß man *schlofe deet,* also schlafen tut. Manchmal wird sogar das eigentliche Tätigkeitswort ganz weggelassen und nur noch *donn* gesagt. Statt *donn se me datt jävve* heißt es dann knapp *donn se me datt.* Und wenn man du zu jemanden sagen kann, ganz kurz *domme datt.* Der Bönnsche geht auch nicht zu jemanden, sondern *bei ehne.* Bekannt ist auch die nicht immer ernst gemeinte Aufforderung *komm jätt bei mich bei.*

Oft wird bei uns das Gegenteil von dem gesagt, was man meint. Dann bleibt es der Auffassungsgabe des anderen überlassen, sich richtig zu entscheiden.

Wenn der Bonner sagt *ich weeß et net,* dann weiß er es doch, er will nur nicht ganz direkt widersprechen. Er braucht diesen Zwischensatz nur, um dann unbefangener seine gegenteilige Meinung sagen zu können. *Er säht et mem Höhnekläuche.*

Ähnlich hört man auch *esu wick kütt datt noch,* will aber nicht, daß es so weit kommt.

Etwas anders verhält es sich mit einer Besonderheit, die in Bonn und in der Eifel üblich ist. Es ist die Gewohnheit, daß hier nichts gebracht und nichts genommen, sondern geholt wurde. In der Mundart ist das auch heute noch so. Manchmal wird auch hier das Gegenteil ausgedrückt. Hat jemand Selbstmord begangen, dann *hätt er sich et Lävve jehollt.* In Wirklichkeit hat er es doch eher weggeschmissen. Für einen Prozeß holt man sich einen Rechtsanwalt. Beim Stricken wird auf das Strickteil gezeigt und geraten: *Doh moss de jetz aanfange affzeholle.* Wenn ein Kleid zu weit geworden ist, wird *e Stöck enjehollt.* Man kann aber auch einfach *en Petsch maache.*

3. Der Junge links mußte die Gänse *holen* gehen. Während die Oma eine Gans rupft und *ausholt,* versucht ein Musiker lustige Töne aus seiner Flöte zu *holen.* Der Schwerhörige mit der Zipfelmütze muß dazu eine Hand ans Ohr *holen.*

Man kann auch für einen anderen ein Gespräch *aanholle* oder beim Einkaufen *jätt metholle*. Je nach Appetit kann man *affholle* oder *zoholle*. Aber auch durch viel Fleiß die verschlenderte Zeit wieder *opholle*. Ein Kind wird nicht adoptiert, sondern *aanjehollt*. Eine Gans wird *ussjehollt* und nicht ausgenommen.

Mit dem Holen „holt" man das eben nicht so genau. Man wird deshalb nicht auf den Arm geholt, weil es keiner übelholt. Als eine Tochter vom Lande in der Stadt eine Stelle angeholt hatte, nahm sie sich streng vor, nur nicht damit aufzufallen. Sie prägte sich fest ein, statt holen immer nehmen zu sagen. Als ihre Chefin sie an einem Montagmorgen *mem Auto* ankommen sah und sie nach dem Grund ihres Ärgers fragte, kam die Antwort: *Da hat mich doch so ein Tünnes rechts übernommen.*

Manchmal ist es für den Bonner aber auch schwierig, die richtige Form zu finden. Er gibt sogar zu, daß er da schon mal *singe Huddel met hätt.* Während es allgemein heißt, *de Löck hann vell jekräsch,* kommt vereinzelt auch das kölsche *Lück* besonders in der früheren Altstadt vor. In diesen Fällen *hann de Lück jätt jekrett!*

Schwierigkeiten gibt es auch in der Vergangenheitsform. Damit man sich diese merken soll, hat sich ein schlichter Reim gebildet, um die Worte *jare* für jagen und *schlare* für schlagen dauerhaft *em Hingekopp* zu haben: *Der Wind der johch on die Dür die schlohch.* Doch er benutzt dennoch statt der einfachen Vergangenheit lieber die seinem Sprachfluß besser liegende Vorvergangenheit. So heißt es dann meistens, der Wind *hätt jejahch* und die Tür *hätt jeschlare.*

Auch die übrige Grammatik ist natürlich *e Dinge für sich.* Etwa mit Wollen: *Wämme well, watt andere net wolle, odde wänn du net wölls, datt die andere dir jätt wöllte.* Deshalb ist es am besten, *du wells et.*

18

3. Von fleißigen und faulen Menschen

Der Arbeitsame und Alleskönner sagt: *Alles jeht, nur Krade höppe.* Wer fleißig ist, genießt in Bonn großes Ansehen. Wer *morjens fröh uss de Fäddere es,* mit dem ist was anzufangen. Man sagt dann auch: *Der es ad op, eh de Düvel sing Schohn aanhätt* oder *dämm jöck de Aasch ad.*

Auch wer *watt jiste watt häste,* also sehr schnell, arbeitet, ist geachtet. Er ist *ehne Flöcke* oder *ehne Wöhles.* Um sehr schwere Arbeit zu verrichten, *moss me jätt en de Mauh hann.* Wenn man sich an Kleinigkeiten, *an Piddelsarbet on Fummelskrom,* zu lange aufhält, *dann kütt me net op sing Schröm.*

Wer seine Arbeit zu genau verrichtet oder *deet, es ehne Pingelsbrode.* Besondere Gründlichkeit besagt der Ausspruch: *Der drisch de Knöddele uss em Strüh.* Wer auch noch die Zeit genau einhält, ist *ehne Sekundekacke.* Es heißt aber auch: *Morjenstund hätt Jold em Mond, ävve Blei em Aasch.*

Andererseits wird es mit der Arbeit nicht immer so genau genommen. Hat jemand *huddelich jearbet,* muß er damit rechnen, *Huddelsbrode* genannt zu werden. Und sieht das Ergebnis nicht gut aus, dann ist oft *kehne Kopp on kehne Aasch drahn.* Manchmal merkt der Handwerker selbst, daß seine Arbeit schlecht ausgefallen ist. Handelt es sich um eine Stelle, die man nicht einsehen kann, dann kann es seiner Meinung nach so bleiben, denn *datt es joh hingerem Altar.*

Der Bonner Handwerker ist dafür bekannt, *datte net jot näh sare kann.* Manchmal sagt er einen Termin zu, von dem er schon vorher weiß, daß er ihn kaum einzuhalten vermag - nur weil er es im Augenblick *net övve et Häzz bränk,* die Wahrheit zu sagen. An ein späteres Donnerwetter denkt er jetzt noch nicht. Andernfalls beruhigt er sich mit dem bekannten *et hätt noch emme jot jejange.* Wichtig ist aber, daß die Arbeit in

Ordnung ist. Soll der Gärtner beispielsweise *Onkrutt, Böhm on Jestrüpps* ausmachen, muß der Garten *röperehn* werden. Man kann auch zu fleißig sein. Das wird besonders bei Hausfrauen nicht gern gesehen, besonders *bei dänne me vom Jebünn ässe kann.* Man glaubt, sie würden durch die Putzsucht ihre Männer verjagen. Wenn jemand sagt, *bei dänne fink me kehn Stöbbche* oder *doh sitt et uss wie jeläck,* kann mithin zweierlei gemeint sein, sowohl Sauberkeit als auch Ungemütlichkeit. Daß übertriebene Sauberkeit nicht immer richtig ist, besagt der Ausspruch: *Me kann net proppe jenoch senn, säht die Frau, on kehrt de Desch mem Bässem aff.*

Wenn ein junger Handwerker *op sich aanfänk,* sich also selbständig macht, hört man manchmal: *Der well singe Meeste kapott maache.* Nach Ansicht des Meisters *jeht nix övve eje Arbet.*

Nicht so gern sieht man, wenn sich der Beginn der Arbeit durch ein allzu langes Vorgespräch verzögert, denn für jede Minute muß man jetzt *Jäld latze.* Ein Handwerker, der noch eine Weile *klaaf on plänt,* kann leicht den Namen *Pläne-Kress* bekommen. Humor hat jedenfalls ein Handwerker, der nach kurzer Begrüßung seine Arbeit mit den Worten beginnt: *Jetz ävve en de Händ jespeit on en de Arbet jedresse.*

Hat eine Arbeit nicht den erhofften Erlös gebracht, hat man sich *janz schön an de Aasch jeföhlt.* Bei solch einer Arbeit *hätt me Jäld dobei jedonn.*

Nach einer besonders erträglichen Arbeit heißt es: *Doh hässte ävve widde ehne schöne Reibach jemaat.* Manchmal sagt man auch *Schores jemaat.* Im Vergleich mit der Ernte eines Bauern heißt es mitunter: *Der hätt ävve ehne schöne Äen jehatt.*

Wer mit seinen Händen sein Geld verdient, glaubt oft, die anderen würden ihr Brot leichter verdienen. Der Handwerker versucht deshalb, noch etwas nebenher zu verkaufen, was zu seiner Branche paßt, nach dem Motto: *Bässe ehne Finge lang*

Jeschäff als ene Ärvel Arbet. Aber die Handarbeit wird als die Richtigere angesehen, denn: *Nur Jeliéte on Oésse arbede mem Kopp.* Der einfache Mann hält zwar viel von den Gelehrten, aber er weiß auch, daß mit ihnen manchmal *net jot Kiésche ässe es.* Deshalb sagt man auch: *Je jelierter, esu verkierter.*

Wer bei der Arbeit *wöhlt wie e Perd* oder *schweeß wie ehne Bär,* der erreicht auch etwas, *der kütt zo jätt.* Von einem solchen Menschen, *der et emme drell hätt,* hört man auch sagen: *Der lööf sich de Been uss em Aasch.* Und wenn er nach getaner Arbeit mit der Rechnung kommt, *dann maachen se de Hond loss.* Und hat sich jemand durch übermäßigen Fleiß ein kleines Vermögen erworben oder *e Jehöösch jebaut,* dann muß er sich zumal auf dem Dorf noch von seinen Kunden sagen lassen: *Alles von onse Jrosche.*

4. Nicht selten hört man einen Handwerker nach getaner schwerer Arbeit im übertragenen Sinne sagen: *On wämme dann met de Rechnung kütt, dann maachen se de Hond loss.*

In Bonn ist man schnell dabei, Armut mit Faulheit zu verbinden. Wer faul ist, wird sich nie viel leisten können, es sei denn, er kennt alle Schliche: *Wer ful es, darf net domm senn, sons jeht et em dräckich.* Daß Faulheit Not bringt, sagen auch die Redensarten: *Ehne fule Ärm jitt läddije Därm* und *Arbet bränk Brut, fulänze mät Nut.* Namen für arbeitsscheue Menschen gibt es in Überfülle. Hier kann sich der Bonner mit seinem Platt so richtig austoben. Wenn jemand *noch kehn Piif Tuback wert* oder *jätt ful langs ehn Sick es,* so ist das noch keine Schande. Auch nicht, wenn einer *ze ful es, sich ze kratze, wänn et en jöck.* Esu *ful wie Mess* oder *e ful Jebröötsch* zu sein, ist auch noch erträglich im Vergleich zu den Redensarten: *Der es esu ful datt em Jras unge de Föß wahs* und *der es nom Scheisse noch zu ful, singe Aasch zozemaache.*

Nach Meinung des Volksmundes ist sogar die Mehrzahl aller Menschen faul, denn man sagt: *Wänn Fulhet wih dät, dann könnt mer et vür Jeschrei net usshale.*

Wer *Blei em Aasch* hat, wer also sehr langsam geht, *der könnt met enem Oés en ehnem Jespann jonn.* Man drückt das auch so aus: *Woh der morjens met die Ziehe es, doh es er ovends met de Fäeschte.* Zu jemandem, der sich besonders langsam bewegt, sagt man bisweilen: *Der lööf iésch, wänn et em am Aasch bröht.*

Am wenigsten kann der fleißige Bonner verstehen, wenn junge Leute nicht arbeiten wollen, die doch das ganze Leben noch vor sich haben und nun eigentlich *de Nöss schlare mööte.* Ihnen wird prophezeit: *Jonge Fulänze jitt ahle Bäddele.* Am liebsten würde man ihnen *Füer unge de Aasch maache.*

Nicht gern hat man mit Leuten zu tun, die bei der Arbeit faul sind oder *die noch nie Hoén an de Händ jehatt hann.* Solch einer *verdent et Salz net en de Zupp.*

Schlimm ist es auch, wenn jemand schneller ißt als arbeitet: *Der arbet em Dahchluhn on friss em Akkoéd.* Oft hört man auch: *Eh der de Aasch huhkrett, es de haleve Dahch ad erömm,* oder *der arbet datte friert on friss datte schweeß.* Ähnliche Aussprüche sind: *Der wiéd ad möd, wänne andere arbede sitt* und *der kann sich nävve de schwerste Arbet sätze.*

Der langsam Arbeitende verteidigt sich auf humorvolle Weise, etwa so: *Ich schaffe janz jäen, nur bei de Arbet on naaks well ich ming Ruh hann.* Oder: *Am levste hann ich färdije Arbet. Wämme vom Arbede rich wüed, dann wören all Äsele rich.* Sehr bekannt ist der Spruch: *Wer de Arbet kännt on sich net dröck, der es verröck.*

Wem es glückt, eine Tätigkeit von anderen so eben miterledigt zu bekommen, *der kann sich en et Füßje laache.* Doch die Menschen, die andere *aandeue, emol esu jrad* für sie was mitzumachen, sind unbeliebt. Sie müssen sich sagen lassen: *Hätts de mich jäste jemeht, wör ich höck dinge Knääch.* Oder ganz einfach: *Du kanns me de Naache deue.* Eine Ablehnung wird oft nur mit einem kurzen *driiß de jätt* bekundet.

Wer mit seinen Arbeiten nicht viel oder immer nur Halbheiten erreicht, *datt es ehne Frößelspitte* oder *ehne Knöngelsbrode.* In manchen Fällen wird er *ehne ahle Huddelsbrode* genannt. *Der arbet net, der knüselt nur jätt erömm.* Ein Bauunternehmer, der sich so grade über Wasser hält, hat *e Baujeschäff andethaleve Dill.*

Es gibt eine Zwischenstation zwischen Faulheit und einer momentanen Lustlosigkeit. Dies gibt der Betroffene sogar selbst zu. Für dieses Tief kann man in Bonn die Ausdrücke *ich hann de Möpp, ich hann et ärem Dier* oder *höck krijjen ich de Aasch net huh* hören.

Gegen Arbeitspausen wird normalerweise nichts gesagt, denn *et stärkste Perd wiéd och ens möd.* Mit einem *jöh vüran* wird die Pause beendet.

Zum Schluß des Kapitels noch ein paar Ausdrücke für jemanden, der als *Fulänze, Drömdöppe* oder *Tronskann* durch das Leben geht: *Der hätt en ful Oode am Liif. Dämm moss me de Aasch driiße drare. Dämm schmäck alles, nur de Arbet net. Der hätt Blei em Aasch.* Von einem stets Unentschlossenen sagt man: *Der setz emme om Pöttche.* Dann gibt es noch den ruhig veranlagten Menschen, der zu allem *joh on Amen* sagt. Er will sich ganz einfach nicht streiten. Als so einer gefragt wurde, *sähs de emme noch nur joh on näh,* war die Antwort *enäh.*

4. Vom Essen und Trinken

Mit seinem Bönnsch-Platt neigt der Bonner leicht zu Übertreibungen. Auch wenn jemand nur ein paarmal zu viel ißt oder trinkt, ist er schon ein Fresser oder Säufer. *Der friss wie ehne Schüredräsche* oder *der süff wie e Loch* heißt es dann gleich. Ähnlich sagt man auch, *der süff wie ehn Sänk,* im umgekehrten Fall *peck er wie e Vüjelche.*

Ein Besucher wird oftmals mit den Worten *de Zupp steet ad op* oder *et Kaffewasse steht ad op* zum Essen und Trinken eingeladen. *Maach dir kehne Öschel,* sagt der Gast dann, obwohl er natürlich gern *jätt Jots* ißt. Aber besondere Umstände möchte er nicht verursachen.

Wenn man sagt, *mir senn de Schlapp am ässe,* meint man damit die Suppe. *De Schlapp* ist eigentlich ein aus Spülwasser, Kleie und Küchenabfällen bereitetes *Säusjesöffs.* Man spielt also seine mit viel Arbeit bereiteten Speisen im Wert herunter, um nicht als Prasser eingestuft zu werden. Natürlich auch, weil der Gast keine zu hohen Erwartungen haben soll. Mit der Aufforderung *sätz dich erömm* wird zum Mitessen eingeladen.

Richtige Vielesser müssen sich allerhand Ausdrücke gefallen lassen. *Ehn Frässklötsch* ist nun einmal *äresch an et Ässe* oder *dämm fählt nur noch ehne zweite Aasch.* Etwas wohlwollender klingt: *Der iss met de Oore on de Mul.* Kann man nicht verstehen, daß jemand unbedingt eine teure Delikatesse haben will, sagt er: *Dann dät ich mir ävve leeve de Mul affschlare.*

Wer mehrere Tage hintereinander das gleiche essen soll und es ihm dann doch *ze bunt wiéd,* meint: *Datt Ässe kütt me langsam am Hals eruss.* Wem die Wurstscheiben zu dünn geschnitten werden, der sagt: *Pass op, datte dich net en de Fingere schneggs.* Wem es besonders gut schmeckt, *der iss de Tälle met* oder *der friss wie ehne Schüredräsche.* Satt ist er erst, *wänne net mih pipp sare kann.*

5. *Ehne Schüredräsche,* also ein Scheunendrescher, mußte besonders schwere Arbeit verrichten. Deshalb wird er mit seinem großen Appetit gern als Beispiel für einen benutzt, der *kehne Boddem em Búch hätt.*

Ein echter Bonner weiß mit einer Speisekarte nicht viel anzufangen. Er muß sehen, was er bestellt. *Watt de Oore net senn, määt de Mul net lustich.* Deshalb sieht man oft, wie jemand im Gasthaus zum Nachbartisch schielt, um einen Blick auf andere Teller zu werfen. Nicht selten kommt dann erleichtert die Bestellung: *Doot mir dattsäleve.*

Auf die Frage, wie es denn schmeckt, erhält man oft sehr deftige Antworten. *Für de Woch jeet et ad* ist noch gnädig. Das heißt, daß es als Wochentagsessen noch so durchgeht. *Datt schmäck bässe, wie ehnem ärme Mann am Aasch jeläck,* wird über ein mittelmäßiges Essen geurteilt. Und war das Essen besonders gut, *dann hätt et jeschmäck wie em Himmel.* Bekannt ist auch der Satz: *Sulang me noch käue on deue, sulang kann me sich noch freue.*

Nach einem besonders reichlichen Essen sagt man: *Ich ben satt bes övve de Uére.* Ähnlich kann man auch *satt bes op de Oore senn,* was bedeutet, daß die Augen das gute Essen immer noch haben möchten, aber leider *jeet nix mih erenn.* Man kann auch *búchsatt* sein. Wer das Gefühl hat, nach vielem Essen immer noch Hunger zu haben, sagt: *Ich hann kehne Boddem mih.*

Einem robusten Esser kann man alles vorsetzen, denn *ehne Färkelsmare kann alles verdrare.*

Wenn es dem Mann nicht schmeckt, wenn er *wie e Vüjelche peck,* bekommt er von seiner Frau leicht zu hören: *Du meens och, all Dahch wör Kirmes.* Oder auch: *Koch nächstens sälevs.* Wer immer nur vom Besten haben will, *der hätt en verwännte Mul.* Er ist *schluchisch.*

Unzufrieden muß auch jener Mann mit seiner Suppe gewesen sein, der seine Frau fragte, was sie einem Bettler gerade gegeben habe. Sie antwortete: *Ehne Tälle Zupp on ehne Mark.* Darauf der Mann: *Wänn der die Zupp jejässe hätt, dann hätt er sich och der Mark verdeent.*

6. Mit einer Speisekarte kann man oft nicht viel anfangen. Deshalb wird gerne nach einem Blick auf einen anderen Teller mit den Augen bestellt: Es heißt dann: *Doot mir dattsäleve.*

Wer nicht viel ißt, *der määt singem Aasch net vell Arbet.* Man kann auch sagen: *Der födert sich net jot.* Und wer nicht richtig weiter ißt, muß sich die ironische Frage gefallen lassen: *Soll ich dir et Ässe och noch vürkäue?* En Uétz, das ist ein kleiner Essensrest, soll möglichst nicht auf dem Teller bleiben. Deshalb erhält man die Aufforderung, *datt klehne Röözje* auch noch zu essen. Und hat jemand sein Glas nicht leergetrunken, heißt es: *Drink doch datt Stätzje och noch uss.*

Wem es nach dem Essen aufstößt, *der röleps.* Oft hört man dann: *Ehn Sau hamme ad satt.* Und wer den Schluckauf bekommt, *der hätt et Schlecksje.* Wer den Reizhusten hat oder sich verschluckt, *der hätt ehne Jrömmel en de Trööt.*

Was man in der Wirtschaft bestellt, wird aufgegessen, auch wenn man sich *de Puttes ad voll jefrässe* hat: *Leeve de Mare verränk als em Wiét jätt jeschänk.*

Ässe on Drinke hält Liif on Sihl zesamme. Das ist ein wohlwollender Ausspruch, der das Trinken dem Essen noch gleichsetzt. Das gilt aber nur für den, der in Maßen trinkt. Tut einer des Guten zuviel, dann wird er schnell als *Suffkrat* abgestempelt, im Gegenteil zu dem, *der aff on zo ens ehne petsche jeet.*

Man hört so oft, es gebe in Bonn zu viele Wirtschaften, an jeder zweiten Ecke stehe eine Kneipe. Rechnet man aber um, wieviele Personen auf eine Wirtschaft kommen, stimmt diese Behauptung nicht, schon gar nicht im Vergleich mit der sogenannten guten alten Zeit. Im Jahre 1850 gab es beispielsweise in Endenich, Lengsdorf und Röttgen auf rund 2300 Einwohner 23 Wirtschaften, also eine auf hundert Einwohner. Hätten wir heute das gleiche Verhältnis, dann müßten es in Bonn rund dreitausend Wirtshäuser geben.

Übermäßiges Trinken wird als Makel angesehen. Man bedauert es, wenn jemand ein guter Mensch ist, aber das Trinken nicht lassen kann: *Datt es ehne prima Käel, nur schad, datte süff.*

Man ist der Ansicht, daß bei der Arbeit am ehesten auf den Baustellen getrunken wird, wie auch der geläufige Ausspruch des Maurers an seinen Handlanger zeigt: *Stehn, Spiis, Branndewing, datt lätz jesaat et iésch jebraat.* Schnaps ist das ganze Jahr über willkommen: *De Branndewing schmäck am bäste, wänn de Tanne jrön senn.*

Wer übermäßig viel ißt und trinkt und so sein ganzes Geld durchgebracht hat, *dämm sing Vermöje es durch de Aasch jejange.* Man stellt sich das sogar bildlich vor, was dabei alles draufgehen kann: *Watt net all durch ehn Kehl jeet, säät de Fuhrmann, wie er Päéd on Kah versoffe hatt.*

Für den Betrunkenen oder *Besoffski* gibt es unzählige Namen und Ausdrücke. *Der litt emme en de Wiétschaff* sagt man, solange er noch nicht betrunken ist. Dann geht es weiter mit *der hätt de Stätz ad voll* und schließlich mit der krasseren Form *der hätt de Aasch voll.*

Ein Trinker, dem man geraten hatte, sein Geld doch lieber zur Bank zu bringen, erklärte: *Op de Kass krijje ich nur 4 Prozent, en de Wiétschaff ävve 40 Prozent.* Überehrlich war ein Wirt, der zu später Stunde zu seinen Gästen meinte: *Wänn ür wößt, wie möd ich benn, dann jingt ür all heem.*

7. Wenn der Wirt müder als seine Gäste ist, kann man zu vorgerückter Stunde seine ehrliche Meinung hören: *Wänn ür wößt, wie möd ich benn, dann jingt ür all heem.*

Dem Betrunkenen sagt man nach, er habe trotz seines Zustandes noch viel Glück: *Kende on Besoffene hann ehne jode Schutzängel.* Auf den Betrunkenen bezieht sich auch die Redewendung: *Datt litt drenn, säät der Besoffene, doh feel er en de Baach.* Übergibt sich ein Betrunkener, dann sagt man: *Der schont singe Aasch.*

In geselliger Runde, zum Beispiel beim Kartenspielen, muß ein geschwätziger Mann sich sagen lassen: *Jlöf dämm nix, der süff.* Daß er auch wirklich *süff wie ehn Sänk,* ist dazu nicht einmal erforderlich.

Trinken, Rauchen und Kartenspielen gehört meistens zusammen. Wo die Spieler zusammensitzen ist oft *Dölek en de Bud,* also Qualm im Zimmer. Manche *senn op et Kaatespille wie de Düvel op en ärem Sihl.*

Wer *am Kaatespille äresch jäck drahn es,* dem dauert es oft zu lange, bis die Karten ausgeteilt sind. Er fordert mitunter mit den Worten *en Kölle hätt sich ens ehne dut jemisch* zum Weitermachen auf. Hat ein Spieler trotz seiner *schläächte Kaat* etwas gewagt, dann gibt er mit dem Zugeständnis *jetz krijje ich ävve de Aasch jehaue* seine ausweglose Lage zu.

Hat man dagegen gute Karten, dann sagt man in Bonn: *Ich hann e Käätche wie e Täätsche.* Wer nicht ehrlich spielt, der es ehne Futtelsbrode. Schlimm ist es, wenn nicht alle Spieler bei der Sache sind oder sich jemand ablenken läßt. Das dauert so lange, bis schließlich einer sagt: *Lomme ophüre, et es kehn Aandaach mih doh.* Sobald dann der erste sein Geld einpackt, ist das Spiel zu Ende.

Geraucht wird natürlich auch in Bonn viel zu viel. Seit einigen Jahren ist wieder ein alter Spruch der Rauchgegner geläufig geworden, in den außer den Rauchern auch die Schnupfer und die Priemer eingeschlossen sind:

Wer rooch, der stink wie ehn Sau, wer schnuf, der sitt uss wie ehn Sau, on wer prömp, der es ehn Sau.

5. Geld stinkt nicht

Es gibt im Bonner Platt eine Fülle von Redensarten, um Armut und Reichtum auszudrücken. Allgemein bekannt ist, *datt de Düvel net op ene klehne Hofe scheiss.* Damit will man sagen, daß der Reiche noch reicher wird, bevor der Arme zu mehr kommt. *Dämm ehne flupp alles, dämm andere nix,* besagt ebenfalls, daß immer nur dieselben Leute Glück haben.

Die Reichen wehren sich mit den Worten: *Wer winnich bruch, wiéd rich, net wer vell hätt.* Nach ihrer Ansicht liegt es nicht so sehr am Geldverdienen, wenn man reich wird, sondern am überlegten Geldausgeben. Leute, die zuviel Kleider kaufen, *hängen sich alles an de Aasch.* Das Geld wird auch sonstwie *onbedaach ussjejovve* oder *am Finste erussjeworfe.*

Wer andere *öm jätt aanbäddelt,* muß sich *driiß de jätt, dann häss de jätt* anhören. Oder ganz einfach: *Wie wör et met Arbet?*

Man erwartet, daß der Untergebene seinem Herrn nicht gleich kommt: *Wänn de Häe ärm on de Knääch rich wiéd, dann durre allebedse nix.* Heiratet ein unvermögender Akademiker ein reiches Mädchen, dann wird gesagt: *Er hätt de Titel on it hätt de Mittel.* Sie hat eben *et miitste Jäld.*

Oft wird beklagt, *datt die Riche net wesse, wie et ehnem ärme Mann ze Mot es.* Außerdem werde der Arme bei jeder passenden Gelegenheit übervorteilt: *Der friss de Appel on mir jitte de Ketsch.* Übrigens wenn in früheren ärmeren Zeiten ein Kind einen Apfel aß, konnte man damit rechnen, daß ein armes Kind bat: *Jävv mir de Ketsch.*

Der Bönnsche legt Wert darauf, daß sein Gesprächspartner nicht merkt, ob er arm oder reich ist. *Aanjävve odde Jömere* liegt ihm nicht. Eher versucht er, einen gegenteiligen Eindruck zu hinterlassen: *Wer emme klaach, der hätt kehn Nut, wer emme stronz, der hätt kehn Brut.* Durch Verdrehung der Tatsachen will er den anderen über seine Lage im Unklaren lassen. Erst wenn er erkannt ist, gibt er schrittweise immer mehr zu.

8. Wenn ein unvermögender Akademiker eine reiche Frau heiratet, wird gesagt: *Er hätt de Titel on it hätt de Mittel.*

Weil man vielfach der Meinung ist, der Arme sei selbst schuld an seiner Lage, zeigt man nicht viel Mitleid mit ihm. Das kommt auch in herzlosen Redensarten zum Ausdruck, wie etwa *der es esu ärm, der hätt kehn Botz am Aasch* oder *bei dänne loofen sich de Müs em Schrank Bloodere.* Oder ähnlich: *Bei dänne loofen de Müs em Schrank erömm on hann Dräne en de Oore.* Auch die Aussprüche *der es esu ärm, datt singe Aasch nur noch dröppelt* und *der hätt de Aasch voll Scholde* sprechen für sich. Wenn es einem ausgesprochen schlecht geht, gibt er seine erfragte Lage nach dem bekannten *wie jeet et?* so zu: *Wänn ich sare dät bedresse, wör datt noch jestronz.*

Nicht gern wird hier gesehen, wenn jemand ohne Arbeit zu viel Unterstützung erhält: *Die krijjen et Jäld esu en de Hingesch jeblose.* Ähnlich kann man auch hören: *Die lävven von onsem Jäld.*

Wer immer arm war, *es em drüjje Johr op de Wält jekomme.* Aus der Zeit, als es am Freitag Löhnung gab, stammt der Ausspruch: *Friidahchs moss ich satt hann.* Damit gab der arme Arbeiter ungeniert zu, daß er an den übrigen sechs Tagen *net vell om Désch* hatte. Aber man fand sich mit seiner Lage ab, denn *de ärme Mann moss emme singe Puckel hinhahle.* Zum schweren Arbeiten war er gut genug, nicht aber zum angemessenen Geldverdienen. Da herauszukommen war so sicher, *als wämme met ehne Messjaffel nohne Fluh stich.*

Selbst bei Hunger ist der Bonner noch in der Lage, sich selbst zu trösten, weil es ja eigentlich noch schlimmer sein könnte: *De jrößte Nut es, wämme vür Hunge net kacke kann.* Doch wer immer Hunger hat, kann auch nicht froh sein, denn *uss ehnem traurije Aasch kann och kehn fröhlich Fützje komme.*

Deutlich vorstellen kann man sich die beengte Wohnung einer armen Frau beim Kochen: *Wänn die Pannekoche bäck, dann stipp de Pannestill am Fänster eruss.* Man sagt auch *die hann jrad nur Pott on Pann* oder *bei dänne litt et Brutmätz allehn em Schaaf.* Zieht jemand mit seinen wenigen Habseligkeiten um, hört man manchmal: *Der schleef sing bisje Ärmötsche övve de Stroß.*

Jung Verheirateten sagt man nach, daß sie, durch die Liebe geblendet, ihre miserable Lage nicht immer erkennen. Aber weil *su e Jeflittesch* nicht lange anhält, ist es eines Tages soweit, denn: *Kütt de Ärmot durch de Dür, dann flüch de Liebe am Fänster eruss.* Ein anderer Ausspruch dazu lautet: *Noh de Flittewoche kommen de Zittewoche.*

Den Frauen wird oft die Schuld gegeben, wenn nie Geld im Haus ist: *Ehn Frau kann en de Schüez mih eruss drare wie ehne Mann met de Schörreskah erennbränk.* Wenn allerdings der Mann *e Suffloch* ist, ist man schnell dabei, ihm die Schuld zu geben.

Wenn es einem Bauern schlecht ging, reichte sein Kornvorrat nicht für das ganze Jahr, also mußte Vieh abgeschafft werden. In einem solchen Fall hieß es: *Om Speiche kehn Köenche, em Stall kehn Höenche.*

Sieht man eine schlechte wirtschaftliche Lage auf jemanden zukommen, wird auch darüber gesprochen, wenn *se de Baach eronde jonn.* *Der hätt jetz sing lehf Nut* ist noch eine gnädige Feststellung für den, der *äresch en de Präng jekomme* ist. Wenn er *Hunge bes unge de Ärme* hat, dann kann er *sich bahl de Mul met ehnem Hölzje opstippe.* Oft hört man auch: *Dämm bröht et am Aasch.*

Manchmal gibt der Verarmte auch zu, daß er nun *esu blank wie ehne Aapeaasch* ist. Viel Übertreibung und wenig Mitleid beweist der Satz: *Der kann noch net ens mih wärm secke.* Harmlos ist dagegen die Feststellung: *Der es doch krank em Portemané.*

Gemäß dem rheinischen *Butz widde Butz* scheut man sich natürlich nicht, auch den Reichen, *der nie de Täsch voll krett,* auf diese Weise *op de Schöpp ze nämme.* Man sagt ihm nach: *Der stink noh Jäld wie de Düvel noh Weihrooch.* Der Reiche kann sich alles erlauben: *Für Jäld krett me alles, esu jar Zucke en de Aasch jeblose.* Wem es gut geht, *der scheiss nur noch Zuckestängelche.*

Man sagt zwar, der Reiche lebe *knistisch,* also übertrieben sparsam, aber man glaubt dennoch, daß bei seinem Aufenthalt etwas abfällt: *Woh ehne Äsel sich wänzelt, do blieven och Hor lijje.* Mit dem Ausspruch, *wer ehne jruße Aasch hätt, der moss och ehn jruße Botz hann,* gesteht man dem Reichen zu, daß er seinen Verhältnissen entsprechend lebt. Resignierend sagt man dazu kurz und bündig: *Die hann et joh.*

9. Wenn kein Geld im Haus war, gab man der Frau die Schuld. Sie könne *en de Schüez* mehr heraustragen als der Mann *met de Schürres-kah* reinbringen kann. Wohl bei Säufern war der Mann schuld.

Zu jemandem, der seinen Reichtum ableugnet, sagt man: *Wänn du kehn Jäld häss, dann hätt de Rhing iéte kehn Wasse.* Oder auch: *Wer am lautste klahch, der hätt de wennichste Nut.* Bekannt ist, daß ein Reicher *sich net en de Kaate luére lät.* Wer ein Vermögen ererbt hat, *dänn hann de Jlocke risch jemaat.* Gemeint sind die Trauerglocken am Beerdigungstag. Wer sonstwie leicht zu Geld kommt, *dämm kütt et Jäld von de Böhm jefalle* oder *bei dämm ränt et Wäckbrei.* Zweideutig ist dagegen: *Wämm et soll jlöcke, der scheiss em Schlof ohne ze dröcke.*

Wer sehr schnell viel Geld verdient, und sei es auch auf eine nicht ganz saubere Weise, verteidigt sich mit den Worten:

Jäld stink net. Andersherum kann man aber auch von ihm sagen: *Der stink vür Jäld* oder *der es esu rich wie ehn Sau.* Und wer besonders reich ist, *der moss sing Jäld met de Koénschöpp ömsätze,* damit es nicht fault.

6. Zweierlei Kranke

Der hätt jede Dahch jätt andesch, meint man von jemandem, *der emme kümp.* Denn wenn jemand krank ist, liegen Bedauern und Mißtrauen oft nahe beieinander. Man weiß ja nicht immer, ob die Krankheit nur *makiert* wird. Schon die in Bonn geläufige Bezeichnung *Kranköllesch* für einen Kranken kann zweierlei ausdrücken. *E ärm Kranköllesch* ist bemitleidenswert, während *e jäck Kranköllesch* seine Krankheit eher simuliert.

Wer *all ärmslang* von seinen Leiden erzählt, ist *ehne Kühmbrezzel.* Ein verfrorener und schlotternder Mensch ist *ehn verkaalte Mösch,* und wer oft kränkelnd jammert, ist *ehn Kröötsch. Bommelich* ist man, wenn man sich nicht mehr auf den Beinen halten kann.

Da die Bonner von Haus aus ein fleißiges Völkchen sind, haben sie *für Simulante on Kühmbrezzel net vell övverich.* Dementsprechend werden sie auch behandelt. *En ahl Jööz* ist eine Frau, *die jede Dahch jätt andesch hätt.* Manche *läjen sich wäje jedem Dräck en et Bätt,* mitunter schon *wänn sich e Fützje stipp.*

Auch sagt man zu jemand, dem man sein Kranksein nicht glaubt: *Der es esu krank wie ehn ahl Bank.* Ähnlich heißt es in manchen Fällen auch: *Der es esu krank, morje krette de Ping.* Im übrigen ist man der Meinung: *Wer emme kümp wiéd hondet Johr alt.*

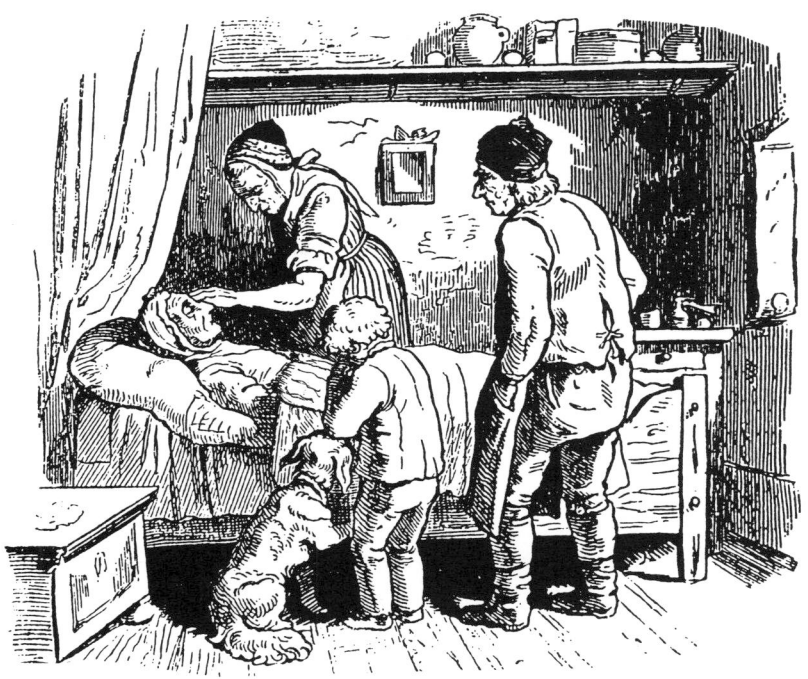

10. Im Gegensatz zu einem *jäcke Kranköllech* ist *e ärm Kranköllech* bemitleidenswert und wird entsprechend gepflegt. Allgemein ist man aber der Meinung, *datt de bäste Krankhet nix dooch.*

Manchmal gerät allerdings auch ein wirklich Kranker in die Schußlinie. Wer beispielsweise seinen Finger verbunden hat, kann mit der Frage rechnen, ob er *e wih Lömpche* hat. Wer den Ellbogen verbunden hat, wird gefragt, ob er sich *am jäckije Knöchelche* oder *am Brimsknöchelche* gestoßen hat.

Daß gesundes und ausgewogenes Essen wichtig ist, sagt der Ausspruch: *Promme für de Jang (Stuhlgang), Bonne für de Klang on Öllech für de Stank.* Ganz allgemein ist man der Meinung: *De bäste Krankhet dooch nix.*

Für den Durchfall gibt es besondere Redensarten. Zuerst heißt es noch: *Bei mir rommelt et, als wänn ich hondet Düvele em*

Búch hätt. Plötzlich kommt dann *de Ritschritsch,* auch *Pitte maach flöck* genannt. In ganz schlimmen Fällen redet man vom *Spratteldress.* Ganz normal sind dafür auch die Namen *Driißerei* und *Scheißerei.* Wer darunter leidet, *der scheiss sich de Aasch noch franselich.* Der Ausspruch *ich hann de Dress* besagt dagegen, daß einer *de Möpp* hat. Er hat ganz einfach keine Lust mehr.

Wer über schlechte Verdauung klagt, *der es hattdressich* oder *der driiß de Jäesch janz.* Ein Maurer konnte einmal gar nicht mehr und ging zum Arzt. Der stellte nach kurzer Untersuchung fest: *Sulang du dinge Hingesch emme met Zementsäck affbotz, kann datt net bässe werde.* Wer zu lange auf der Toilette oder *om Abtrett* bleibt, kann mit dem Ruf rechnen: *Soll ich met de Schär komme?* Doch eigentlich kam man mit hartem Stuhlgang zurecht, sonst wurde einfach *e Seefestöppche jemaat.*

Ist jemand vom vielen Gehen wund geworden, hat er sich *ehne Aap jeloofe.* Wer sich übergibt, *der hätt singe Aasch bedrore,* und wer ein Gerstenkorn hat, *der hätt e Höhneföttche.*

Dämm sing Oore durre nix mih bedeutet, daß einer schlecht sieht. Kann einer dagegen im Alter noch gut sehen, sagt er: *Ich hann noch ming iéschte Oore. Wer net klor uss de Oore luét,* muß nicht unbedingt krank sein; denn das sagt man auch, wenn man der Meinung ist, der andere habe kein reines Gewissen.

Ein alter Bonner, der zeitlebens seine Nächte *em Punijel,* also im Nachthemd, verbracht hatte, mußte eines Tages erstmals ins Krankenhaus. Auf die Frage der Krankenschwester, ob er einen Pyjama habe, kam die Antwort: *Enäh, de Dockte hätt jesaat, ich hätt Blinddarm.*

Die geläufige Drohung, einen krankenhausreif zu schlagen, lautet: *Du häss wohl lang net mih met ehne Krankeschwäste pussiert.*

Verjäss net, Luff ze holle, ist ein Wunsch für gute Gesundheit. *Der hätt et met de Luff* heißt es, wenn jemand schlecht atmen kann. Sagt man dagegen, *halt de Luff aan,* dann meint man allerdings, daß der andere nicht noch weiter übertreiben soll. Ist viel Qualm in der Bude, dann gibt es *ehn Luff, datt me se durchschnegge kann.* Humor bewies ein Bonner, der vor seinem Haus im Gestank des Straßenverkehrs einen Bekannten getroffen hatte, mit den Worten: *Lomme erenn jätt Luff schnappe jonn.*

Zahnschmerzen sind infolge der heutigen Behandlungsmethoden nicht mehr so häufig wie früher. *Ich kann dich esu legge wie Zantping,* sagte man zu einem, den man nicht mochte.

11. Neben reisenden Zahnärzten, die von Zeit zu Zeit ihre Werkstatt in einem Hotel aufschlugen, gab es Schuster, die mit einem Pechdraht, den sie mit einem Ende am Ring der Kellerfalltüre festbanden, den kranken Zahn entfernten. Dabei wurde der Patient mit der *Sühl* in den Hintern gestochen, so daß er hochschnellte und so den Zahn los war.

Noch am Anfang dieses Jahrhunderts war es alljährlich am Apolloniatag, dem 9. Februar, üblich, daß in der Münsterkirche eine Reliquie der heiligen Apollonia gegen Zahnschmerzen verehrt wurde. Die Gläubigen wurden vom Küster Adolf Merzbach mit den Worten *hehin, watt noch bütze moss* zum Hochaltar dirigiert. Danach hieß es: *Die jebütz hann, he eraff.* In vergangenen Jahrhunderten half man sich bei Zahnschmerzen meist mit warmen Umschlägen. Andere stellten die Füße in kaltes Wasser oder liefen *met Bläckföß övve kahl Plaate.* Man empfahl sogar, auf Pfefferkörner zu beißen. Die Zähne zog der Barbier oder ein reisender Zahnarzt, der von Zeit zu Zeit in einem Hotel seine Werkstatt aufschlug.

Es gab aber auch Schuster, die mit Zange oder Pechdraht die kranken Zähne entfernten. Ein Schuster band den Pechdraht mit dem unteren Ende an den Ring einer Kellerfalltüre, während sich der Patient darüber beugen mußte. Dann stach der Schuster ihn mit *de Sühl* ins Hinterteil, wodurch der Behandelte hochschnellte und *singe Zant quitt* war. Wegen des hinteren Schmerzes soll ein Patient gerufen haben: *Datt hätt ich net jedaach, datt der Zant su deve Wuézele hätt.*

Wenn jemand schon von weitem krank aussieht, hält man oft mit seinen Beobachtungen nicht zurück, wie folgende Aussprüche zeigen:
Der sitt uss wie e Kotzkömpche -
Der es nur noch Fäll on Knoche -
Der fällt zesamme wie ehn ahl Schürepoétz -
Der sitt uss wie e Bättlake -
Der sitt uss wie ehne Dude op Urlaub -
Der sitt uss, als hätte singe Dudezäddel ad en de Täsch.

Wer viel über seine Krankheiten klagt, muß sich sagen lassen:
Häng dir ehne Kranz öm de Hals on jank op de Kirchhoff on wad bes de drahn bes.

Wenn ein Kranker schnell *emme winnije wiéd,* sagt man auch: *Der verjeet wie ehn Jref en de Pann.* Glaubt man, es gehe dem Ende zu, heißt es: *Für dänn jävve ich kehne fule Appel mih* oder *der kann och bahl Amen sare.* Da früher vielerorts der Totengräber Anton oder Tünn genannt wurde, kam auch der Ausdruck auf: *Der kütt bahl bei de Tünn.* Im Falle einer unerwarteten Besserung hört man: *Dänn hätt et am Dud erömmjehollt.* Wird der Kranke nicht wieder gesund, dann *hätt singe Aasch bahl Fierovend.* Ist er gestorben, sagt man: *Der hätt et Odeme verjässe.*

Als einem alten Bonner auf dem Friedhof erzählt wurde, in Kürze gebe es dort ein Krematorium zur Leichenverbrennung, erwiderte er: *Ich well ävve richtich bejrave werde, datt ben ich von klehn aan su jewännt.*

Wer kerngesund ist, *der sitt uss wie et iwwije Lävve* oder, wenn er kräftig ist, *der hätt jätt en de Mauh.* Es gibt viele Redensarten, die zur Erhaltung der Gesundheit beitragen sollen, so beispielsweise: *Halt de Kopp on Föß wärm, datt määt Dockte on Apotheker ärm.* Auch das Maßhalten beim Essen und Trinken fördert die Gesundheit: *Wer süff wie en Sänk, der krett de Kränk, wer friss wie e Dier, der krett se noch ié.*

Wenn jemand aufgrund seines Alters bemitleidet wird, mag er vielleicht antworten: *Met dinge Knoche werf ich noch Äppel von de Böhm.*

Als ein besonders gutes Zeichen von Gesundheit gelten Blähungen, sofern man ihnen freien Lauf läßt. Von einem derartigen Gesundheitsapostel sagt man: *Dämm steet de janze Dahch de Aasch op.* Man meint sogar, *dämm singe Aasch könnt me als Hoén bruche.* Der Täter hat als eine Art versteckter Entschuldigung folgende Aussprüche parat: *Bässer en de wigge Wält als en ehnem änge Aasch - Der moot ussträcke, der hatt de Meht net bezahlt.* Oder er brüstet sich wegen der Qualität mit den Worten: *Dovon drei, doh jing et bäste Perd von kapott.* Mitunter sagt der unfreiwillige Mithörer zum Zeichen, daß er etwas gemerkt hat, nur kurz *Jesundheit.*

Als *Futzpitte* oder *Blosaasch* wird auch scherzhaft jemand bezeichnet, wenn man den Täter noch nicht kennt oder nicht nennen will. So hört man auf die Frage „wer war das?" oft die Antwort: *De Blosaasch.* Für den Stinker gibt es in Bonn auch die Namen *Stinkstivvel, Stinkbüggel* und *Stinkedores.*

Ob es nun Gleichgültigkeit oder Humor war, möge man selbst entscheiden. Jedenfalls als einem Bonner irrtümlich statt eines Stopf- ein Beruhigungsmittel gegeben wurde, ertrug er dies mit Fassung. Auf die Wirkung angesprochen meinte er dann seelenruhig: *De Botz maache ich emme noch voll, ävve et stüet mich net mih.*

7. So siehst du aus

Obwohl man für sein Aussehen *eijentlich nix kann*, wird man doch danach betitelt. Nur wenn einem *de Botze em Schrank ennloofe*, seltsamerweise immer nur in der Breite, *kamme durch Hunge legge* allenfalls noch etwas dran ändern. Für die normalerweise angeborene Gestalt der Menschen gibt es gerade in der Mundart die treffendsten Bezeichnungen. Besonders die Kleinen und die Großen müssen für vielerlei Bemerkungen herhalten.

Kleine Personen *senn Kopp on Aasch en ehnem*. Man sagt auch: *Der hätt en ehnem ze kuéte Bätt jeschlofe*. Die Kleinheit wird auch so begründet: *Dänn hann se als Kend emme op de Kopp jehaue*. Ganz allgemein wird ein kleiner Mensch als *Stoppe* und der noch kleinere als *Kruttstoppe* bezeichnet. Auch die Bezeichnung *Föttche an de Erd* ist bekannt.

Ein dickes Mädchen ist *e Möbbelche,* eine dicke Frau *en deck Fummsch* oder *ehn Deckmadamm*. Eine kleine und dazu dicke Frau, *die kamme schibbele,* zumindest in der Vorstellung. Es heißt auch: *Die könnt me für en Wäll (Walze) bruche,* am kürzesten aber ist *e Plümo*. Ein dicker Bauch ist *ehne Puttes* oder *e Tönnsche*.

Ein rundlicher Mensch mit abstehenden Ohren *sitt uss wie ehne Aasch met Uére*. Zu jemandem, der einen Hängepopo hat, sagt man: *Der hätt de Aasch en de Hästere hänge*.

Dicke Frauen müssen ganz besonders für allerlei Bemerkungen herhalten. Sehr geläufig ist: *Die hätt ehne Aasch wie ehn Plochkoh*. Dieser dicke Körperteil wird gern mit dem eines *Wannläppers* verglichen, weil ein Korbflechter ja viel sitzen mußte. Man sagt auch: *Datt Mädche hätt ehne Aasch wie e Achzichdaleperd*. Früher waren dicke Frauen sogar ein angesehenes Vorzeigeobjekt, denn es hieß: *Me moss de Frau aansenn, datt de Mann se ernähre kann.* Manche Frau sagte deshalb auch doppeldeutig: *Minge Mann kann et kaum packe.*

12. Die Schaubuden nahmen neben dem *Pluutemaat* einen großen Teil vom Pützchens Markt ein. Als dort eine überaus dicke Frau gezeigt wurde, gab es angstvolle Reaktionen.

Auf dem Pützchens Markt wurde vor dem Zweiten Weltkrieg einmal in einer Schaubude eine besonders dicke Frau vorgestellt. Plötzlich sagte ein zusehender junger Mann zu seinem Freund: *Watt mehnste, wänn die Ahl basch, dann versuffe me all en däe ihrem Jedresse.*

Wer dagegen sehr dünn ist, der ist *ehne schmale Darem.* Man kann auch *Spenneflecker* sagen. Bei einem sehr schlanken Mädchen heißt es sogar: *Datt hätt ehne Aasch, datt kann en ehn Flasch driiße.*

Der eine geht *wie e jedutsch Hohn,* und der andere *kütt aanjeflupp wie e jong Rih.* Wieder andere *loofen erömm wie e Hohn, datt e Ei em Aasch hätt.*

Wer ein großes Maul hat, *der hätt ehn Mul, doh kamme ehn bedressene Botz drenn usswäsche.* Solch einer muß sich auch sagen lassen, er soll *sing Braatsch net esu opriiße.* Und wer viel spricht, *dämm jeht de Mul wie ehne Änteaasch.* Man sagt aber auch: *Der hätt mih en de Schnüss wie en de Maue.* Ein dicker Kopf ist *ehne Knollekopp.* Doch damit kann auch ein Dickschädel gemeint sein.

Als Beweis dafür, daß die Menschen nicht vom Affen abstammen, sagt man in Bonn: *De Minsche krijje de Pläät om Kopp, de Aape ävve om Aasch.* Ein breites Gesicht ist *e Aaschbackejeseech.* Hat jemand ein rotes Gesicht, dann sagt man: *Datt es esu rut wie ehne Aapeaasch.* Wer unsympathisch aussieht, *der hätt e Jeseech wie ehne Hoofe Jedresse* oder *wie ehne Pannekohche.*

Hat jemand eine Warze im Gesicht, *der kann doh singe Hot drahn ophänge.* Wem der Unterkiefer vorsteht, *dämm ränt et en de Mul, der hätt ehn Schäppmul.* Der Adamsapfel *es ehn Appelketsch,* und wer keine Zähne mehr hat, *der käut op de Bäldere.* Wer Ausschlag am Mund hat, *der es em Pastur an de Jreve jewäes.* Man fragt auch ganz offen, ob er *Jreve jejässe* oder ob er *scheef jebütz* hat.

Wer so richtig schlank ist, *der es esu dönn, der kann ehn Jeeß zweschen de Höene bütze.* Wenn man meint, man könne jemandem *de Reppe zälle,* heißt es oft: *Der hätt op de Lede jeschlofe.* Wer dünn und schwächlich ist, *der kamme ömmblose* oder gar *ömmfutze.*

Großen Leuten sagt man nach, sie seien besonders stolz, weil sie *övve die Klehne fottlure.* Wer arrogant und groß ist, muß sich sagen lassen: *Ehne jruße Äsel es esu domm wie zwei klehne Äsele zesamme.* Mit dem Ausspruch *jruße Häere hann lang Ärme* sind die Verbindungen gemeint, die Höhergestellte oft haben, also *de Klöngel.*

Die Großen werden den Kleinen und den *Tintemännchen* als überlegen dargestellt. Schließlich können sie auch *oone Lede de Däck wiiße.* Andererseits sagt man den Kleinen aber mehr Flinkheit nach: *Klehn on wacker baut de Acker, jruß on ful verdriev de Bur.* Ist jemand groß und dick, dann ist er *ehne Andethaleve* oder *ehne Schrank von ehnem Käel.*

Ein dünner großer Mensch ist *ehn Hiétz* oder *e lang Räckend.* Bei Heranwachsenden hört man oft: *Datt es ävve ehn lang Wällep jewoéde.* Man meint auch für *ehne Lang,* er könne *uss de Daachkall drinke.* Dürre Menschen werden auch als *Spenneflecke* und *Reppejespänns* bezeichnet. Wer mager ist und schlecht aussieht, *der sitt uss wie de Nut Joddes* oder *der kann et Vatteonse durch de Backe blose.* Von einem sehr dünnen Mädchen heißt es, es habe *kehne Platz für Búchping.*

Wer sehr große Füße hat, *der kann övve de Rhing jonn.* Man sagt wegen dieser *Quadratlatschen* oder *Tämmelbrätter* auch: *Der kann stohnsfoß stärve.*

Ein Mensch mit langer Nase *kann sich met singe Nas jätt uss de Oore krijje* oder *Äepel hüüfele.* Eine große und dicke Nase ist *ehne Koleve.*

Ein Mann mit glatten blonden Haaren *hätt e Strühdaach.* Ein Lockenkopf ist *ehne Krulleskopp,* ein Haarknoten ist *ehne Knutz* und ein Haarzopf ist ganz einfach *ehne Zopp.*

Für die Augen gibt es verschiedene Vergleiche. Von einem hellwachen Kind sagt man: *Datt Klehn hätt krälle Öjelche.* Wer große Augen hat, *der hätt Oore wie e Karerad* oder *wie ehn Stall-Latäen.* Wenn jemand schielt, dann heißt es: *Der kann mem linke Ooch en sing rächte Wästetäsch luére.* Er wird auch mit *schäel Pann Äepel* bezeichnet. Schlimmer heißt es sogar: *Wänn der knaatsch, lofen em de Dräne de Röcke eraff.*

Bei einem erstaunten Blick meint man: *Der määt Oore wie e jestoche Kalev,* oder auch: *Der verdrieht de Oore wie en Koh, die basch.* Und hat jemand sich einmal besonders stark angestrengt, das kann sogar auf der Toilette gewesen sein, dann kann man folgendes hören: *Ich hann jedeut, datt mir de Oore vür em Kopp stonte.*

Wer krumme Beine hat, *der hätt bei de Ulane jedeent.* Ausdrücke wie *de Kromm* oder *et Höppebehn* hört man auch hin und wieder.

Ene Stihf hat einen hölzernen Gang: *Me ment, der hätt ehne Bonnerohm verschluck.* Ein träger Mensch, dem alles gleich ist und auch demnach dahergeht, ist *ehne Lossmichjonn* oder *e Lämmertsjaan.*

Wer *nix uss sich määt* oder einen glatten und unansehnlichen Eindruck macht, *der sitt uss wie ehne affjeläckte Heringsstätz.* Wer verwildert aussieht, *dänn hann se mem Brutküeschje uss em Urwald jelock.*

Als ein junger Vater einmal meinte, daß der kleine Sohn ihm sehr ähnlich sehe, beruhigte ihn sein Freund: *Doh moss de dir nix druss maache, de Haupsaach es, datte jesond es.*

8. Jeder Jeck ist anders

Jäck es jede, nur jede Jäck es andesch. Wer in Bonn *jäck* ist, der ist noch lange kein richtiger Jeck. Sonst wären hier die Anstalten überfüllt. Man sagt zwar, *der es riif für de Kölle- stroß,* wo in Bonn die Irren untergebracht waren, aber das besagt weiter nichts. Man ist eben großzügig im Vergeben von negativen Titeln. *Wer ehne Hauh met de Pann* oder *ehne Hauh met de Wicksbüesch hätt,* ist zwar auch *jäck,* aber in der leichtesten Form.

Die meisten Menschen sind gemessen an den für sie gebrauch- ten Ausdrücken nur ab und zu oder besser gesagt nach Bedarf jeck. Sie haben eben nur schon mal *en Pann kapott* oder *dänne lööf e Rädche verkiét erömm.* Man scheut sich auch nicht zu sagen, *föhl dir emol an de Kopp, du häss joh ehne Rittiti.*

Weitere Ausdrücke für Gelegenheitsjecken sind: *Ehne Iddi, ehne Jeflappte* und *ehne Klötschkopp.* Man sagt auch: *Der es mem Bömmel jeflitsch* oder *der hätt se net mih all.* Wer seltsame Ansichten äußert, *der hätt ehn Äez am wandere.*

Es gibt aber auch abgeschwächte Formen des angeblichen Jeckseins. Solche Leute stellen sich nur *flappisch aan,* man kann auch sagen, *bei dänne piip et.* Wer *noch jäcker als jäck* ist, wird auch als *knattschjäck* oder *knattschverdöttsch* be- zeichnet. Und wer sich *wäjen jedem Scheißdräck ärjert,* ist *e jäck Schlötsche* oder einfach *e jäck Ei.*

Mit der Frage *bess de krank?* wird das Wort *jäck* umgangen. Auch die ironische Feststellung *du häss joh Febere* besagt das gleiche. Man bringt es nicht so hart, aber die Wirkung ist genau so gut.

Ein Handwerker sagte einmal zu seinen Leuten: *Doh moss morje ehne hinjonn, sons schnapp die Ahl noch övve.* Gemeint war, daß dringend jemand die seit einiger Zeit mehrfach reklamierten Mängel beseitigen solle. Ob *die Ahl* mit ihrer Forderung im Recht ist, spielt dabei keine Rolle. Ausschlaggebend für eine solche Redensart ist allein die Tatsache, daß sie lästig geworden ist.

Das Wort „irr" kennt man in der Bonner Mundart nur im Zusammenhang mit anderer oder falscher Meinung sein, also sich irren: *Doh bes de ävve ié.* Man kann sich nicht nur beim Reden, sondern auch beim Handeln irren: *Irren ist mänschlich, säät de Bur für sing Frau, wie er em Düstere de Määd jebütz hatt.*

Es gibt auch *ehne haleve Jäck. Du haleve Jäck doh* hört man sogar häufig. Manch einer hat nur einfach *de Föhn am brause* oder *ehne Rappel.* Er kann aber auch *ehne richtije Knallkopp* oder *benibbelt* sein.

Es soll Leute geben, bei denen man schon vorher erkennt, daß sie bald durchdrehen: *Wänn dämm sing Oodere erusskomme, dann hätt et jeschällt* oder *jekläpp.* Zu manchen Menschen sagt man auch, daß sie *et Hämb om Aasch net legge könne.* Nicht nur die Adern, auch der Blick kann andeuten, daß mit jemandem *net jot Kiésche ässe es: Der luét mich aan, als wänne mich frässe wöll.* In solch einem Fall *krett me et met de Angs ze donn.*

Wer viel Humor hat, wird sogar selbst zugeben, wenn *er se net all op de Latz* oder *net all op de Reih* hat, beziehungsweise momentan etwas gedankenlos ist. Das kommt dann natürlich in einer stark verniedlichenden Form zum Ausdruck, wie beispielsweise: *Ich wor en de Bonne Äeze am plöcke.*

9. Aus der Kinderzeit

Bis zur Mitte des vergangenen Jahrhunderts kamen die kleinen Kinder angeblich aus einem Eschenbaum, der an der Ecke
Adenauerallee und Joachimstraße stand. Als dieser Baum
dann bei einem schweren Sturm umgefallen war, mußten
andere hohle Bäume als Ersatz dienen. Der Klapperstorch
kam bei uns erst später auf. Man sagte den Kindern, die
Mutter müsse im Bett liegen, *weil de Klappestorch de Mama
en et Been jebesse hätt.*

13. Nachdem lange Zeit bei uns die kleinen Kinder aus einem
Eschenbaum oder aus anderen hohlen Bäumen kamen, mußte dann
wie in vielen anderen Gegenden der Klapperstorch für diese Besor-
gung herhalten. Man sagte den Kindern, *de Klappestorch hätt de
Mama en et Been jebesse.*

50

14. Nach dem *Kruffen* der Kinder können sie eines Tages *allehn stonn*. Mit dem Ruf *allehnebömche* versucht man sie zum Laufen zu bringen.

Hatte eine Familie sehr viele Kinder, sagte man: *Die hann bei de Hävvamm en Knipskaat.*

Mitunter liefen Kinder, die noch keine Geschwister hatten, aber auch der Hebamme nach und riefen: *Hävvfrau, brängt me e Schwästesche.* Diese versuchte die Kinder abzuwehren indem sie sagte, sie habe nur noch *Füssje.* Und brachte sie dann ein Schwesterchen oder Brüderchen, trug sie das neugeborene *Ditzje* zur Taufe in die Kirche, begleitet von den beiden Paten: *de Jött on de Patt.* Beim Verlassen der Kirche sagte die Hebamme: *Ich hann e Heidekendche en de Kirech jedrare, jetz bräng ich e Ängelche eruss.*

Ein sehr alter Spruch hieß: *Klehn Kende soll me et iéschte mol net en ehne kapotte Wäschkomp wäsche, sons pissen se en et Bätt.* Schon sehr früh lernen die Kinder *Knupphänsje maache,* ein leichtes Zusammenstoßen mit den Köpfen. Im ersten Lebensjahr *kruffen* die Kinder herum, bis sie dann eines Tages *allehn stonn* können. Dann versucht man, sie mit dem Ruf *komm allehnebömsche* ans Laufen zu bringen Später können sie dann auch den Purzelbaum, hier in Bonn *Kuckeleboom* genannt. Wilde Kinder *springen erömm wie ehne Hiézelebock.* Wenn ein Kind einen spitzen Mund macht oder zum Weinen ansetzt, dann *määt et e Prömmche.* Beim Streicheln des Händchens sagt die Mutter oder Oma: *Mahle, dahle, Köhche, Kälevje, Schwänzje, dille dille Dänzje.* Kleine Kinder sind oft *jauh.* Sie entwickeln eine enorme Schnelligkeit, wenn sie etwas verkehrt machen können. *Bei dänne kamme net jenoch oppasse.* Unzählig oft hört man von der Mutter, *wänn se e Kend om Schuhß hätt,* die Worte: *Maach me ming Krall net kapott.*

Eines der ersten Lieder, die Bonner Kindern vorgesungen wurden, war: *Sohß e Ääpche om Träppche vür de Jroßmotte ihre Dür, hatt e Löchelche em Köppche, heelt et Händche dovür.*

Bei einsetzendem Regen liefen die Kinder über die damals noch autofreien Straßen und sangen: *Räne, räne, Dröppche, fall net op ming Köppche, fall net op ming Bottefaaß, sons werd ich noch klätschenaaß.*

Das Versteckenspielen geht meist nur solange gut, bis ein Kind ruft: *Ich donn net mih met, du häss jespinks.* Auch beim Klickerspiel oder *Kneggele* mit *Kühla* oder *Ditsche-spanne* gibt es jedesmal ein jähes Ende, wenn einer sich einfach irgendeinen Klicker, also *ehne Kneggel* oder *ehne Ömmel,* holt und mit den Worten *dingelingeling der Ömmel es ming* davonrennt.

Als man noch auf der Straße spielen konnte, war *Ful Ei* ein sehr beliebtes Ballspiel. Man warf den Ball gegen eine Hauswand und rief ein Kind vorerst mit seinem Namen auf.

Das gemeinte Kind mußte dann den Ball auffangen und einen Mitspieler *affträffe*. Wenn dies nicht gelang, bekam es im Geiste *e ful Ei*. Sobald es fünf davon hatte, erhielt es einen Spitznamen, mit dem es nunmehr aufgerufen wurde. *Kabittschnäutzer, jebruchte Dudelad* und *Prömmtubaksreisender* zählen noch zu den annehmbaren Bezeichnungen.

15. Eines der unzähligen Kinderlieder wird beim einsetzenden Regen gesungen: *Räne, räne, Dröppche ...*

Bei Anbruch der Dunkelheit war das *Müsje träcke* sehr beliebt. Man klingelte irgendwo und ging laufen. Da es kaum die heute möglichen Trickdiebe gab, wurde fast immer schnell die Türe geöffnet, so daß man von weitem ein Geschimpfe hörte und so seinen *Erfolg* bestätigt fand. Froh waren die Kinder immer, wenn Eltern oder Großeltern einmal ausgingen. Dann hieß es: *Die Ahle sen fott, jetz hamme Möll op.*

Kinder wollen möglichst dabei sein, wenn Witze erzählt werden. Deshalb malten sie sich gern eigene Einfälle aus und ernteten dann nicht den erwarteten Erfolg. Deshalb wurden immer wieder die gleichen Witze erzählt, wie der vom Schneemännchen. Zwei *Kehrmännchen* fanden im Winter einen gefrorenen Haufen, den sie solange im Schnee wälzten, bis sie ein kleines Schneemännchen fertig hatten. Das schenkten sie dem kleinen Karlchen, der es nichtsahnend zu Hause auf den Herd stellte. Nach kurzer Zeit hörte man ihn dann rufen: *Mama, komm ens schnäll, et Schnimännche hätt op de Herd jedresse on es loofe jejange.*

Wollen Jungen oder Mädchen für sich allein spielen, wird das andere Geschlecht mit den Worten *Äppel bei Äppel on Birre bei Birre* abgewehrt. Kinder, die zur Beichte gehen mußten und nicht wußten, was sie bekennen sollten, erhielten den Rat zu sagen: *Ich hann jestolle, ich hann jeloore, ich hann de Katz am Stätz jezoore.*

Für das Kind gibt es zahlreiche Bezeichnungen. Das fängt an beim *Weckelditzje* und geht über *Stömpche, Würmche, Puselche, Köttelche, Ängelche, klehne Botzedresse* bis zum *fräsche Blahch.*

Die Unterschiede zwischen *aadije Kende* und *fräsche Päntz* sind sehr groß. Letztere können *quängelich, katzich* und *kratzbüeschtich* sein. Noch schlimmer sind *iggelije Iipekrätzer* und *Krabitze, die ehnem op de Närve jonn.* Kann man sich abends vor Übermut *net mih salviere,* dann kommt nach längerem *Rämmidämmi* schließlich das Kommando: *Nu ävve allemaschtisch en et Bätt.*

He es alles Roofjot, sagt manche Mutter, wenn sie von ihren größeren Jungen oder *de Puéschte* spricht. Sie werden auch als *Rabauke, Lällbäcke, Flänesse* und *Labesse* bezeichnet. Gleicht der Sohn seinem Vater sehr, sagt man: *Der Jong jlich singem Vatte wie uss em Jeseech jekotz.*

Vell Kende frässen ehnem de Hor vom Kopp. Man hat mit ihnen *sing lehv Lass.* Es heißt aber auch: *Woh vell Kende senn, trick ehn datt andere jruß.*

16. Karlchen fuhr den kleinen Schneemann nach Hause und stellte ihn nichtsahnend auf den Herd. Schon nach kurzer Zeit hörte man, wie enttäuscht er nun war.

Die Vorstellungen von der durchschnittlichen Kinderzahl in den Familien früherer Jahrhunderte sind meist falsch. Man glaubt vielfach, Kinderzahlen von einem Dutzend und mehr seien normal gewesen. In Wirklichkeit traf das nur bei einem kleinen Teil der Familien zu. Untersuchungen für mehrere Orte der Umgebung von Bonn haben ergeben, daß im 18. Jahrhundert ein Elternpaar im Durchschnitt fünf Kinder hatte.

Hiervon starb dann noch die Hälfte vor dem Erreichen des heiratsfähigen Alters.

Die große Kindersterblichkeit sah man damals als normal an, weil sonst die Kinderschar zu groß geworden wäre. So ist überliefert, daß ein Vater nach dem Tod eines Kindes, während ein neues unterwegs war, zu einem Nachbarn sagte: *Wänn se ad fott jonn.* Es war ihm mithin recht, daß es auf diese Weise wieder Platz für das neue Kind gab.

Wer lange Zeit die Kinder von Verwandten oder Bekannten nicht gesehen hat, sagt oft verwundert: *Watt senn die jewaaße.* Den Eltern aber, welche die ganze Mühe haben, geht es nicht schnell genug mit dem Großwerden. Sie meinen dann: *Andelöcks Kende werden flöck jruß.*

Von Kindern reicher Eltern hieß es, sie seien in *ehn joldene Wehch (Wiege)* gekommen. Man sagt im Hinblick auf die Beschwernisse des Lebens auch: *En de Wehch hätt me et am bäste on weeß et net.*

Nach manchen Redensarten müßten fleißige Eltern faule Kinder bekommen, und umgekehrt. Das komme daher, weil eine Mutter, die behende alle Arbeit allein erledigt, den Kindern nichts zu tun übrig läßt. Dementsprechend heißt es im umgekehrten Fall: *Ehn ful Motte trick fliißije Kende.*

Bei vorlauten und altverständigen Kindern sagt man: *Datt Kend hätt ehn ahl Mul.* Ist ein Kind zudem noch sehr lebhaft und lästig, dann sagt man zur Mutter: *Doh kress de noch ding lehv Arbet met.*

Kinder, die alles besser wissen, müssen sich sagen lassen: *Datt hann ich ad jewoss, doh hatts du noch kehne Aasch.* Und Kinder, die Unwichtiges aufbauschen, tröstet man: *Wänn et schlemm es, dann binge me e Lömpche drömm.*

Wollen Erwachsene allein verreisen oder einen Besuch abstatten, versucht ein Kind gern dennoch mitzukommen. Das wird zwecks Ablenkung in einem Atemzug zugesagt und abgelehnt mit den Worten: *Du jees met, wänn die andere fahre,* oder: *Du fährs mem Heimbleibeskähche.*

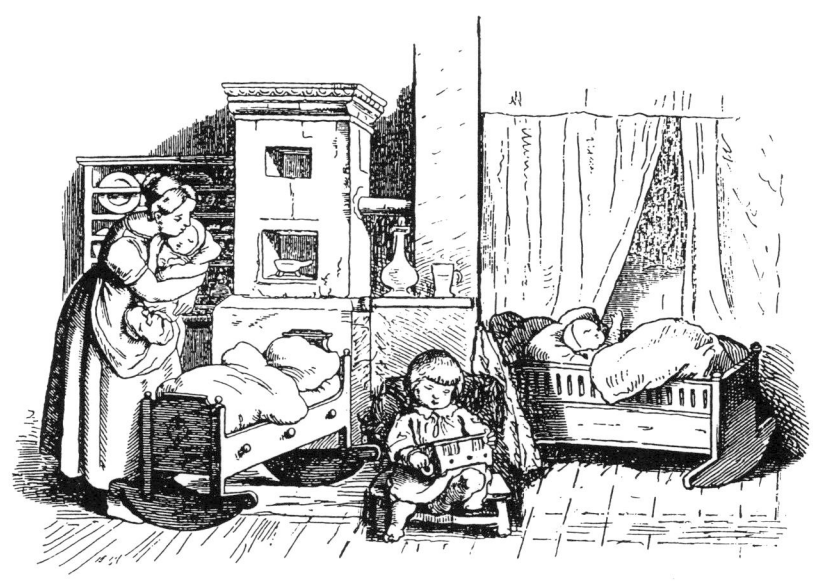

17. Wer in *ehn joldene Wehch* gekommen ist, hat reiche Eltern. In der Wiege hätte man es am besten, doch man wisse es nicht.

Erziehungsschwierigkeiten hat es schon immer gegeben. Ein schlecht erfüllbarer Wunsch wird mit dem Ausspruch *de Jeeß wollt och ehne lange Stätz hann* abgetan. Manchmal hilft dann ein herzerweichendes Weinen; auf Bönnsch heißt das *Knaatsche* oder *Kriische.* Das beginnt mit dem Verziehen des Mundes, *dann määt datt Kend e Pännche,* und endet manchmal damit, daß das Kind *Rotz on Wasse kriisch.* Während vielleicht die Oma meint: *Donn em doch der Welle, dann hätt die ärm Sihl Ruh,* ist die Mutter dafür, sich durchzusetzen: *On wänn de dir de Zong uss em Hals schreiss, du kress et net.*

Langes Weinen kann auch einen Vorteil haben, denn *watt me kriisch, datt bruch me net ze pisse.*
Eine Redensart, die Ärger und Erstaunen ausdrückt, ist: *Ich könnt e Kend von Lompe krijje.* Oder auch: *Ich könnt uss de Hutt fahre.*
Sagt ein Kind, es habe Hunger, erhält es nicht selten die Antwort: *Läck Salz, dann kress de Duésch.* Stochert ein Kind lustlos in seinem Essen, sagt man einfach: *Wer net well, der hätt jejässe.* Kinder, die es zu Hause nicht gut haben, *die krijje mih Klöpp wie ze ässe.*

Will man lästig gewordene Kinder *quitt* werden, versucht man das mir den Worten: *Jank noh Huus, ding Motte well de Kende zälle on du bes net doh.* In einem etwas ärgerlichen Ton heißt es sogar: *Jank noh Huus on driiß dinge Motte en et Nihkesje.*

18. Redensarten über alte Leute gibt es in großer Zahl. Sehr bekannt ist: *Die Ahle schrappen et zesamme, die Jonge maachen et dropp.*

10. Keine Ehrfurcht vor dem Alter

Mitunter hört man Leute sagen: *Mir woren och ens jong, ävve net esu.* Früher hätte man mehr Ehrfurcht vor alten Leuten gehabt. So mancher Ausspruch von damals läßt jedoch eher das Gegenteil glauben. Wenn jemand im Alter kleiner geworden ist, sagt man: *Der wahs wie ehne Kohstätz.* Damit ist gemeint, daß ja der Kuhschwanz zur Erde hin wächst. Man scheut sich auch nicht, alten Leuten zu sagen, wie man sie findet, aber sie reden einander auch nicht immer schmeichelhaft an: *Du wiésch ad emme schrömpelije on nixnotzije.* Wenn jemand etwas nicht gleich richtig verstanden oder gehört hat, sagt man: *Me mehnt, du hätts zwei paa Strömp aan.*

Eine oft gehörte Redensart macht sich über das Alter lustig: *Et Alter jeht vür, säät de Düvel on worf sing Jroßmotte de Träpp eraff.* Alten Leuten sagt man nach, daß sie viel *knöttere on kraue,* also schimpfen und nörgeln: *Wänn se aanfange ze jraue, dann fangen se och aan ze kraue.* Ähnlich heißt es auch: *Wer jong es, der spillt jäen, wer alt es, der knöttert jäen.*

Nach dem Alter fragt man am besten nicht, sonst erhält man Antworten wie diese: *Ich benn esu alt wie ming klehne Zieh,* oder auch: *E Johr mih wie vörejes Johr öm diss Zick.* Und hat jemand mit List das Alter doch erfahren, sagt er oft: *Esu alt wiéd kehn Sau em Stall,* oder ein weiterer Vergleich mit der Tierwelt: *Datt es für ehne Äsel e schön Alter.*

Wer nicht alt werden will, muß sich sogenannte gute Ratschläge gefallen lassen: *Wänn de net alt wäede wells, moss de dich fröh verbränne losse.* Will jemand dagegen sehr alt werden, *der darf et Ohdeme net verjässe.* Wer aber alle anderen überleben möchte, der erbt auch alles: *Wer et längs läff, krett de Krützbärch.*

In früheren Jahrhunderten hielt man nicht viel von Medizin für alte Menschen; Naturkräuter waren dagegen sehr beliebt.

Als sogenannter Wunderdoktor lebte in der ersten Hälfte des vergangenen Jahrhunderts der ehemalige Gärtner Johann Georg Max im Kreuzbergkloster, nachdem die dortigen Patres rücksichtslos in der Napoleonischen Zeit vertrieben worden waren.

Er führte dort eine kleine Gastwirtschaft und verkaufte nebenher Heilkräuter, deren Wirksamkeit er vom letzten Klostergärtner kannte. Sein häufigst erteilter Ratschlag aber war: *Drink jede Ovend e Möötsche rude Wing, am bäste heeßjemaat.* Auch Kornschnaps wurde als Heilmittel gewertet, wie der Ausspruch unserer Urgroßeltern besagt: *Ahle Klore hällt de Löck bei Johre.*

Viele derbe Bezeichnungen für ungeliebte Mitmenschen werden mit dem Zusatz „alt" versehen, wie etwa *ahl Schräckschruf* oder *ahle Büggel.* Auch *ahl Zubbel, ahl Kruutsch, ahle Flabbes* und *ahle Bleiaasch* hört man häufig. Das besagt nicht unbedingt, daß der so bezeichnete auch wirklich alt ist. Der Zusatz wird mithin in vielen Fällen nur zur weiteren Abwertung beigefügt.

Daß Eltern eher viele Kinder ernähren können als umgekehrt, besagt so mancher Ausspruch: *Ehn jong Katz hätt ehne ahl Katz noch nie ehn Muus jebraat.* In Bonn sagt man auch: *Verlott üch op de Kende, dann set ür verlosse.*

Den Alten wird größere Sparsamkeit und Ausdauer nachgesagt: *Die Ahle schrappen et zesamme, die Jonge maachen et dropp.*

Ältere Männer wollen nicht gern abgeschrieben sein. Von ihrer Unternehmungslust berichten ebenfalls vielerlei Aussprüche, wie: *Ahl Schüre bränne jot* oder *wänn ahl Schüre bränne, dann es schlääsch lösche.* Man sagt auch: *Ehne ahle Fuhrmann knallt och noch ens jäen met de Schmeck.*

Andererseits sind dem Alter aber auch Grenzen gesetzt, denn vieles geht doch nicht mehr so gut wie früher: *Die Jonge pissen Bore (Bögen), die Ahle op de Föß.* Zum Nachdenken zwingt folgender Ausspruch: *Wämme jong es, mehnt me de Wält wör ze klehn, wämme alt es, senn ehnem vier Brädde noch ze jruß.* Man sollte nicht versuchen, die Eigenarten alter Menschen zu verändern: *Ahl Löck moss me verschliiße wie se senn.*

Der folgende Ausspruch hätte auch in das 2. Kapitel gepaßt, wo noch mehr Beispiele aufgeführt sind, daß für Nehmen und Bringen viel lieber Holen gesagt wird.: *Em Alter höllt alles aff, nur de Vürwetz höllt zo.*

11. Dummheit ist nicht heilbar

Mit dummen Menschen geht man um, als wären sie selbst an ihrem Unglück schuld. Man überhäuft sie mit Ausdrücken, *datt et nur esu rappelt.* Wer *singe Verstand mem Schümlöffel jejässe* hat, ist nicht mehr zu retten. Man ist es eben irgendwann leid, jemandem immer wieder *alles vürzekäue.*

Andere Ausdrücke für Dumme sind:
Dämm es et Jehién enjeross -
Der es esu domm wie Bunneströh -
Der es esu doof, datte et Brut drüch iss on de Botte op de Aasch schmiert -
Der es noch ze domm für met ehnem Aap ze danze -
Der versteet wennije wie ehn Wand -
Der es doove wie de Polizei erlaub -
Der es esu domm, datt et wih deet.

Wer dumm und ängstlich ist, *der es e Döppe.* Und wenn er unschlüssig herumsitzt, sagt man: *Der setz doh, wie ehne Aap om Schliifsteen.* Für einen stets schläfrigen Menschen sagt man *Dröömdöppe.*

19. Wer öfters unsicher, krumm und unschlüssig da sitzt, muß sich sagen lassen: *Der setz doh, wie ehne Aap om Schliifsteen.* Für solche Menschen gibt es auch die Bezeichnungen *Döppe, Dröömdöppe* und *Lossmichjonn.*

Wer alles vergißt, *der hätt ehne Kopp wie ehn Seih.* Dem Vergeßlichen wird geraten: *Wer driiße well, moss de Aasch metnämme.* Oder etwas milder: *Et es e Jlöck, datt dinge Hingesch fäss es, sons dätsde der och noch verjässe.*

Der Dumme wird vielfach mit dem Hornvieh verglichen, das demnach zur dümmsten Viehart zählen dürfte. *Du doof Hoén* ist davon noch der gelindeste Ausdruck. Wohl in Anspielung auf Ochsen sagt man: *Der hätt jo Höene vürem Kopp* oder *dämm fählen nur noch de Höene.*

Man kann auch *esu doof wie en Sau* sein. In noch derberer Form wird gesagt: *Der behält net wigge wie ehn fätte Sau scheiss.* Bekannt ist auch der Ausdruck: *Der es noch ze domm met ehne Sau ze danze.*

Kommt *su ehn doof Noss* unverrichteter Dinge wieder zurück, heißt es: *Wämme ehne Äsel scheck, krett me och ehne Äsel widde.* Wird man irrtümlich für dumm gehalten, wehrt man sich mit den Worten: *Ich hann diss Naach net vom Äsel jedrömp.* Wer umständlich ist, muß sich sagen lassen: *Me kann och övve Kölle noh Rom jonn.* Und wer etwas tut, *woh nix bei erömmkütt,* was also mit Sicherheit nichts einbringt, *der söhk met ehne Jroschenskäéz ehne Pänning.* Er macht sich *onnüdije Brasel.* Wer etwas Wichtiges nicht gesehen hat, *der hätt Knöpp op de Oore.* Manch einer *sprink met allebedse Been en sing Onjlöck on merk et net.*

Natürlich macht man auch aus Angst Dummheiten. Wer keinen Mut hat, *der hätt Schess en de Botz.* Manch einer *bedriiß on bepiss sich vür lutter Angs.* Man sagt auch: *Der hätt mih Angs wie Vaterlandsliebe.*

Manch einer *bubbelt, als wänn em de Zännt am waaße wöre.* Wer kaum zu realisierende Vorschläge bringt, *der hätt Enfäll wie ehne ahle Klo.* Und wer dumm und unverständlich daherredet, *datt me kehne Kopp on kehne Stätz drahnkrett,* der wird *met singem läppche Verzäll* einfach ignoriert.

Gutgläubige Menschen werden so gewarnt: *Wer alles jlöf on sing Bätt verköf, der litt bahl mem Aasch em Strüh.* Das alte Lotgewicht von zehn Gramm muß noch heute herhalten für den Ausspruch: *E Lut Jlöck es mih wert wie e Pond Verstand.*

12. Reden ist Silber

Wenn man in Bonn von *ehne Schnadde* oder *ehne ahl Schlabbeschnüss* spricht, dann geht deren Mundwerk *wie ehne Änteaasch.* Wenn auch viele Frauen behaupten, Männer könnten besser erzählen und *klaafen* als Frauen, so zeigen doch die Redensarten ein ganz anderes Bild. Es soll *Klaaftanten, Klaafmöhne* und *Traatsche* geben, von denen man sagt: *Wänn die stärve, moss me inne de Mul extra dut schlare.* Aber es gibt auch Männer, die man als *Schwadlappe* und *Quatschköpp* bezeichnet. Von ihnen sagt man, daß sie *de bäste Arbetsknoche en de Mul* hätten. Der meist verbreiteste Ausdruck für Leute, die viel reden und erzählen, ist *Klaafbotz.* Das Wort ist so vielsagend, daß es keiner weiteren Erklärung bedarf. Hier zeigt sich wieder einmal, wie ausdrucksfähig die Mundart sein kann. Wie wenig würde es einbringen, wenn jemand, der nur Hochdeutsch spricht, das mit „Redehose" oder „Erzählhose" übersetzen würde.

Ausdrücke, mit denen man klatschsüchtige Frauen kennzeichnet: *Die kann ehnem Hohn e Ei uss em Aasch klaafe. Die klaaf sich noch Hoén op de Mul.* Solche Frauen *hann emme de Köpp zesamme.* Angeblich können sie drei Sprachen: *Se bubbele Hochdeutsch, Platt on övve andere Löck.* Man ist der Ansicht: *Wer vell bubbelt, moss vell wesse odde vell leje.*

Daß bei zu vielem Reden nicht viel herauskommt, besagt: *Höhne, die vell jackere, läje wennich Eier.*

Der in Bonn geläufige Ausspruch *hür me op met maie* wird gebraucht, wenn man seinem Gesprächspartner nicht mehr so richtig glauben will und man am liebsten das Thema wechseln möchte. Das heute noch im Moselraum geläufige Wort „maien" wurde bei uns durch *nopere,* zum Nachbarn gehen, abgelöst. Abends kamen mehrere Frauen bei einer Nachbarin zusammen, wo sie beim Surren der Spinnräder, später bei normalen Handarbeiten, erzählten. Sie gingen maien. Aber wo viel erzählt wird, da wird nicht immer die Wahrheit gesagt. Und so bekamen die Wörter „maien" wie auch „spinnen" ihre zweierlei Bedeutungen.

20. Das Wort Spinnen hat wie das Wort Maien im Laufe der Zeit zweierlei Bedeutung erlangt.

Kommt jemand zu einem Gespräch hinzu, bei dem von ihm die Rede war, wird er mit den Worten empfangen: *Wämme vom Äsel sprich, stehte hinge de Dür.*

Oftmals ist es schwer, von schwatzsüchtigen Leuten wegzukommen. Mit den Worten *blief doch noch ehne Deu* wird man dann festgehalten. Umgekehrt weiß man die Klatschtanten nicht aus dem Haus zu bekommen, wenn ihnen immer wieder *zwesche Dür on Angel* noch was einfällt. Solche *Kläffbotze* liebt man nicht so sehr, weil das Gespräch schließlich *en ehne Käuverzäll* übergeht. Ein Klatschmaul wird mit der Zeit *fuselich,* es franst aus, wie dieser Ausspruch zeigt: *Ehn Fraulöcksmul on e Strühsehl senn, wänn se alt senn, jlich.* Ein anderer Vergleich: *Dämm sing Mul jeet wie ehne Änteaasch.*

Leise Zweifel am Erzählten werden mit dem ironischen Imperativ abgetan: Man sagt einfach: *Lüch wigge!* Damit will man sagen, daß man von jetzt an sowieso mit weiteren Lügen rechnet. Durch den gegensätzlichen Befehl hofft man auf Einsicht und natürlich auf den Abbruch des Themas. Über einen Abwesenden hört man manchmal sagen: *Der lüch watte bätt.* Mit einem *jank me doch dohmet* versucht man ebenfalls, das Thema zu wechseln. Ein Ausspruch dafür, daß man nicht gern mit persönlichen Dingen zum Gesprächsthema wird, ist: *Datt bruch me doch net en et Hoén zu blose* oder *net an de Jlocke ze hänge.*

Lästigen Leuten, *die ehnem all ärmslang em Wääsch stonn* oder *op de Wäcke falle,* sagt man mitunter auch, daß man gern auf sie verzichten kann, etwa mit dem Ausspruch: *Ich wönsch, du wöesch woh de Päffe wahs.* Ähnlich wünscht man sie auch *op de Blocksbärch.* Das Schöne an diesen Redensarten ist, daß der Betroffene sich meistens gar nicht davon beeindrucken läßt. Und das wiederum stört dann auch den anderen nicht und alles geht im bisherigen Trott weiter.

Unangenehme Zeitgenossen sind auch die Kleinigkeitskrämer, die in Bonn *Korintekacke* und *Quisele* genannt werden. Besonders unbeliebt sind Menschen, die viel reden und *emme rääsch* haben wollen. *Bei dänne kütt me net aan.* Man sagt auch: *Wer de jröpte Mul hätt, der hätt och et jröpte Rääsch,* oder: *Wer am lauteste bubbelt, hätt emme Rääsch.* Oft resigniert man ganz einfach mit den Worten: *Du häss rääsch, ävve watte sähs, es Quatsch.*

Weil ein Rechtsanwalt überzeugend reden muß, sagt man auch zu einem Redekünstler: *An dämm es ehne Advokat verlore jejange.*

Glaubt man, bei dem vielen Gerede sei nicht alles wahr, so heißt es: *Nu halt ävve de Luff aan.* Und ist man des vielen

Redens müde, kommt der Rat: *Maach de Kopp zo.* Letzteres kann je nach Gelegenheit etwas drastischer erweitert werden zu: *Maach de Kopp zo, de Kack wiéd kalt.* Man geht also *met dänne Schwadlappe* nicht gerade zimperlich um.

21. Der hauptsächliche Unterhaltungsort für die jungen Mädchen, wo auch *jekujaxt* wurde, war der Brunnen, wo am Spätnachmittag alle ihr Wasser holten. In der Bonner Innenstadt war das Wasserholen in der Husarenkaserne sehr beliebt, manche Mädchen nahmen dazu gern einen weiteren Weg in Kauf.

Wer *ehn jruße Schnüss,* also ein großes Mundwerk hat, *der kann de Sparjel quer frässe.* Da in Bonn statt gesprochen *jebubbelt* wird, sagt man auch: *Der hätt ävve vell Bubbelwasse jedrunke.* Wer viel erzählt, *der verbrännt sich off de Schnüss.* Man sagt auch: *Ehn scharfe Zong es schlemme wie e scharf Mätz.*

Hat man das Gefühl, der Gesprächspartner sei beleidigt, fragt man: *Wer hätt dir dann op de Stätz jetrodde?* Wer ruhig veranlagt ist, *der es ehne Stelle: Dämm hätt me nüdich, de Wöét uss em Aasch ze träcke.* Oft sagt man auch: *Küss de höck net, küss de morje, du küss ävve emol em Johr.* Mitunter sagt der Ruhige: *Ich weeß, watt ich sare well, ävve ich kann et net esu dahdeue.* Manchmal heißt es auch: *Der sät net vell, ävve watte sät, es Quatsch.* Dann gibt es noch den Verschlossenen, *von dämm me nix jewah wiéd.* Über ihn sagt man auch: *Der lät sich nix uss em Ooch krijje* oder *dämm moss me de Wöet uss em Hals träcke.*

Für die jungen Mädchen war das Wasserholen am Brunnen der tägliche Treffpunkt für Unterhaltungen aller Art. Vor allem wurde hier über neue Liebschaften getuschelt. Die Bonner Dienstmädchen gingen statt an die Pumpe am Weißen Haus in der Sternstraße lieber in die etwas entferntere Husarenkaserne, denn von den schmucken Uniformen wurden sie magnetisch angezogen. So konnte natürlich sehr leicht *ehne Fisterenöll* entstehen.

13. Liebenswerte Frauen

Der Ausspruch, *kräht et Hohn on schweich de Hahn, es em Hus me övvel drahn,* besagt, daß der Mann regieren sollte. Man war immer der Meinung, daß Frauen *hinge de Kochpott* gehören: *De Frau on de Katz jehüren en et Huus, de Mann on de Hond eruss.*

Doch was sagen die Aussprüche dazu? Im Bonner Platt gibt es für die Frauen neben zärtlichen und lustigen Bezeichnungen auch viele weniger schmeichelhafte Ausdrücke. Leider sind die letzteren in der Mehrzahl. Vom *jäck Alt* bis zur *ahl Schräckschruf* gibt es einen ganzen Fächer an Unliebenswürdigkeiten. Das fängt bei den jungen Frauen an und geht bis ins hohe Alter. Leicht resignierend heißt es: *Me hätt se, me bruch se, on me moss senn, datt me met inne zerääch kütt.*

Zwei Freunde trafen sich nach langer Zeit. Mitten im *Klaaf* sagte der eine: *Ming Frau es ehne Ängel.* Darauf der andere schlagfertig: *Ming läff noch.* Bekannt ist auch der Ausspruch: *Sur määt lustich, säät de Bur, on schlohch singe Frau de Ässichkann om Kopp kapott.*

Besonders unbeliebt sind arrogante und hochnäsige Frauen. Man sagt beispielsweise: *Datt es esu huhnäsich, dämm ränt et bahl en de Nas.* Ist sie *opjedonnert* mit auffälliger Kleidung und Frisur, dann *lööf se erömm wie ehne Puhhahn,* also wie ein Pfau. Oder man sagt schlicht: *Lur ens doh datt Zirkusperd.* Hat sie eine besonders auffällige Jacke angezogen, *dann hätt se et Aapejäckche aan.* Der Ausspruch *Huffart legg Ping* besagt, daß man für sein Schönsein auch schon mal Unannehmlichkeiten und Schmerzen in Kauf nehmen muß. Wenn ein Mädchen stolz und hochtrabend ankommt, kann man hören: *Datt hätt ehne Futz em Kopp,* und wenn es dazu noch seltsam redet, *dann es et e jäck Schlötche,* oder: *Datt deet sich ävve ehne Deu aan.*

Vom Äußeren hält man nicht viel, wenn man meint: *Usse hui, drunge fui*. Ist nur das Äußere in Ordnung, sagt man auch: *Datt es jätt für et Ooch*. E *söß Heuh* ist eine Frau, die nach außen hin übertrieben freundlich tut. Mit *jäck Frese* oder *Fresekessje* wird eine Frau bezeichnet, mit der man nicht gut auskommen kann.

Wenn Mädchen eine zu frühe Bindung eingehen wollen, glaubt man sie mit folgenden Worten abhalten zu können: *Duét et ehnem Mädche ze lang, bes et fott es, kütt et am schnällste widde*. Von einer Braut wird zuweilen behauptet: *Schön es et net, ävve rich*. In solch einem Fall kann man eben auf etwas Schönheit verzichten, denn *me kann net alles hann*. Frauen sollen möglichst jung sein, denn *an ahle Hüse on ahle Fraue es emme jätt ze flecke*. Es heißt auch: *Röpe noh Chressdaach, Äppel noh Ostere on Mädche övve dressich Johre hann de bäste Jeschmack verlore*. Ähnlich sagt man: *Wänn de Nöss riif senn, moss me se schöddele*.

Eine häßliche Frau läßt man normalerweise in Ruhe. Man sagt zwar *die hätt e Jeseech wie ehne schrömpelije Appel* oder *die sitt uss wie ehn Vuélscheuch*, aber bei solch knappen Feststellungen bleibt es dann auch. Ihren Ehemann kann man allerdings nicht begreifen, *der moss Knöpp op de Oore jehatt hann*.

Über eine häßliche und unverheiratete Frau heißt es: *Wer die naachs kläut, der bränk se am Dahch widde*. Aber die Geschmäcker sind bekanntlich verschieden. Was der eine nicht geschenkt haben möchte, ist dem anderen gerade recht. Deshalb sagt man auch: *Op jedes Döppche jitt et och e Däckelche*.

Man weiß aber auch, daß eine schöne Frau viel erreichen kann, denn *e Fraulöckshor trick mih wie e Jlockeseel* oder *mih wie zehn Perd*.

22. Oft wird behauptet, daß Männer mehr *klaafen als* Frauen. Doch *datt Jerädds, der Verzäll* oder im schlimmsten Fall *Jasabbels* oder *Seever* dürften gleich verteilt sein.

Bei Straßenarbeiten hatte sich ein schwerer Unfall ereignet, als ein angetrunkener Autofahrer in eine Arbeitskolonne hineingefahren war. Einer der Arbeiter war sofort tot, ein paar andere wurden verletzt. Zwei Jahre später traf die Frau eines Arbeiters die Witwe des tödlich Verunglückten und erfuhr, daß sie eine gute Abfindung erhalten hatte. Ein schönes Haus hatte sie gebaut, einen neuen Wagen gekauft, und auch sonst ging es ihr gut. Sichtlich enttäuscht meinte darauf die andere: *On minge Dohf sprink op Sick.*

En ahl Schludde oder *e Holeftetring* ist eine unbeholfene, ungeschickte Frau. Eine unsaubere Frau ist *e knöngelich Minsch* und im schlimmen Fall *ehn ahl Dräcksau. Ehn strubbelije Frau, also eine mit ungekämmten Haaren, ist ehn Hoorühl.*

Eine Frau, die viel herumläuft, *es emme op Jöck.* Schlimmer ist es, wenn man sagt, *die es widde jöckisch* oder *esu doll wie e Karerad. E jäck Schössje* oder *e jäck Kesje* ist ebenfalls eine in jeder Beziehung unruhig lebende Person. Doch man kann ja nicht immer dafür oder macht in der Aufregung das Falsche: *Ich schamme mich, säät datt Mädche, on trok sich et Hämb für et Jeseech.*

Zur Warnung vor Frauen wird gesagt: *Bliev vür von de Fraulöck on hinge von de Perd, dann kann de nix passiere.* Es gab sogar die Ansicht: *Fraulöck, Äsele on Nöss mössen jeschlare werde.* Es heißt auch: *Wänn de Motte net hus (haust) on de Katz net mus, on de Hond net bällt, dann es alles verspelt.*

Natürlich weiß man auch Gutes über die Frauen zu sagen, besonders *wänn se hüslich on fliißich senn,* also wenn sie *jot huse* können. *Met dänne kütt me zo jätt.* Von einer guten Frau sagt beispielsweise der Mann: *Die pass bei mich wie de Zucke en de Kaffe.* Aber es gibt auch noch deftigere Liebeserklärungen: *Du bes me esu leev wie e Pond Jehacks* und *ich hann dich esu jäen wie Prommetaat.*

Auch die Kosenamen *Leevje, läcke Puselche, staats Frauminsch* und *patente Frau* beweisen, daß nicht nur Nachteiliges über Frauen gesagt wird, und nicht selten begegnet uns *ehn fröndliche Frau, e jot Minsch* oder *e leev Fräuche.*

14. Auf Casanovas Spuren

Stronzbüggele, das sind angebende Männer, sind nicht sehr beliebt, denn *Stronze on Botzedriiße es kehn Kuns.* So ein Möchtegern-Casanova hat es also in Bonn schwer, weil die Mädchen *schnell senn, watt met dämm loss es.* Hat er *e Ooch op e Mädche jeworfe* und versucht sich mit Schmeicheleien *enzedättsche,* soll es schon zu folgendem Kurzdialog gekommen sein: *Kind, deine Augen! Käel, ding Nas!* Wenn der Freier nicht viel taugt, sagt man: *Der luét uss kehne jode Oore.* Manchmal hört man auch: *Met esu ehnem Käél well ich nix zedonn hann* oder *der wüéd bei mir kehn drei Dahch alt.*

Von einem Annäherungsbedürftigen sagen die Mädchen: *Met dämm kamme net allehn jonn,* oder deutlicher: *Der es op Fraulöck wie de Bock op Jeeße.* Mit der Aufforderung *Fingere von de Bilde* oder ähnlich wird er auf Distanz gehalten.

Wer allzu lustig und lebensfroh ist, hat es ebenfalls schwer. Da nutzen auch *sing lus Öjelche* nicht viel. Man ist der Meinung, daß ein abends ausgehfreudiger Mensch tags drauf nicht viel leisten kann: *Ovends jehte danze springe, morjens kanne de Botz net finge.* Wenn *esu ehne Stronzbüggel* nach einer relativ einfachen Arbeit sich groß aufspielt, muß er sich sagen lassen: *Me mehnt, du hätts ehne Äsel op de Kess jehovve; er jitt widde aan wie drei nackte Nejer.*

Von Fremdgängern meint man in Bonn, sie kämen von selbst wieder zurück: *Wänn se och am Dahch de Kapällche nohloofe, ovends kommen se doch widde en de Kirech.* Ein derberer Ausspruch für jemanden, *der främb jejange es,* und unerwartete Unannehmlichkeiten bekommen hat: *Der hätt nävve de Pott jepiss.*

Der in solchen Situationen oft gehörte Ausdruck *der kütt widde* hat in den letzten Jahrzehnten etwas an Glaubwürdigkeit verloren. Manche *blieve fott.* Früher sagten die Bauern zur Abwehr von Nebenbuhlern: *Mir kütt kehne främde Hahn op de Mess.*

Wer gern älteren Frauen schmeichelt, wird als *Möhnejrößer* abgestempelt. Ein *Spekelöres* ist einer, der an allen Ecken versucht, seine Netze auszuwerfen. Wenn er das übertreibt, sagt man: *Der hätt et vermaat.* Wen man nicht leiden kann, der ist *ehne fiese Möpp* oder *ehne eesije Käel.* Ein großer und schwerer Mann *met Strüh em Kopp* ist *en Kess met nix drenn.*

23. Wenn sie *jätt en de Jäng* oder *ehne Fisterenöll* haben, ist eine tiefere Freundschaft entstanden. Auch wenn sie sitzen, *se jonn zesamme.*

Ist ein junger Mann *bei ehnem Mädche jeland,* ist also eine Freundschaft entstanden, dann hat er *jätt en de Jäng. Se hann ehne Fisterenöll.* Auf die Frage, wie weit denn eine Bindung schon ist, kann man in der zweiten Etappe hören: *Ich jonn bei dänne ad erop.* Wenn er *met singem Alt allehn jejange* ist, wird die Bindung als fest angesehen. Man geht also mit einem Mädchen, auch wenn man sitzt.

Wer bei einem Mädchen *affjeblitz* ist, der *hätt sich e Höenche jeloofe.* Wenn eine Freundschaft *en de Bröch jejange* ist, sagt das Mädchen: *Met dämm es et uss.*

Der Ausspruch *ahl Schüere bränne jot* erinnert daran, daß man sich vor älteren Liebhabern in acht nehmen soll. Bejahrten Freiern sagt man in Bonn nach: *Ahl Böck hann off noch spetze Höene* oder *ehne ahle Kessel well och jeschuét senn.* Im übrigen heißen sie bei den Mädchen *ahl Büggele* und werden entsprechend verspottet, besonders *wänn de Piif uss es. Ahle Bämm* oder *ahle Knopp* besagen letztlich nichts anderes.

Umgekehrt wird auch der ältere Mann zur Vorsicht gemahnt. Ein gutgemeinter Rat für solch eine Betrachtungsweise lautet: *Ehne Wittmann moss e alt Hohn hierode, datt noch jacks, ävve net mih läät.*

Von einem überaus frommen Liebhaber, *der Hoén op de Knie hätt,* sagt man in übertriebener Weise: *Der es esu fromm, datte sich friidahchs nur met Feschwieve affjitt.* Manche lehnen Witwen ab mit den Worten: *Ich well kehn afjeläckte Botteramm.*

Wenn ein Mädchen einen Mann sucht, sagt man: *Datt hätt de Angel ussjeworfe.* Man geht davon aus, daß fast alle Mädchen heiraten möchten: *Wänn de Appel riif es, dann fällte, on wänne en de Dräck fällt.* Hat ein Mädchen die Wahl, kann man manchmal hören: *Der es me rüh leeve wie der andere jekoch.* Und ist nur einer da, von dem auch noch gesagt wird, *bei dämm hätt et och net all Dahch Ovend,* folgt aufgrund der schlechten Heiratschancen die Antwort: *Bässe der wie kehne.*

Gewarnt wurde allerdings immer davor, nur ja keinen *Bäsems-krämer* zu heiraten. Noch vor weniger als hundert Jahren war es zumal in den Dörfern üblich, daß man viele in Haus und Garten gebrauchte Geräte selbst herstellte. Am längsten hat sich das Anfertigen von Besen gehalten, zumal in den Dörfern in der Nähe des Kottenforstes wie etwa in Ippendorf. Es gab aber auch berufsmäßige oder nebenberufliche Besenbinder. Manche betätigten sich als *Bäsemskrämer*. Bezeichnete man allerdings eine Frau als *Bäsem* oder *Bässem*, hätte man sie genau so gut auch Drachen nennen können.

24. Wenn man sagte, *datt hierod ehne Bässemskrämer,* war damit eine schlechte Partie gemeint.

Sind beide Brautleute arm, dann *hiérot de Hunge de Duésch.* Wer aber als Mann eine gute Partie macht, *hierot en e jot Huus.* Wenn er sich selbst recht gut steht, also *kehne Bäsems-*

krämer es, hat die junge Frau *ehne jode Tööp jemaat.* Drei Sonntage vor der Hochzeit *stonn se en de Röhf.*

Stellt sich nach der Hochzeit heraus, daß ein Ehepartner nicht taugt, hört man oft über den anderen sagen: *Dämm senn de Oore iésch noher opjejange.* Aber die Behauptung, *die krett bei dämm mih Klöpp wie ze frässe,* ist sicher in den meisten Fällen übertrieben.

Ein Mann kann leicht geliebt - aber auch verdammt werden. So heißt es einmal: *Der hann ich noch leve wie Búchping,* und ein andermal: *Der dooch em Düvel em Aasch net.*

Wer unverheiratet geblieben ist, *hutsch janz allehn doh,* oder *er läff mottesiéle allehn.* Mädchen, die die ersten heiratsfähigen Jahre überschritten haben, werden von den Geschwistern mit dem Spruch geärgert: *Äätsch kiss-kiss, äätsch kiss-kiss, häss joh kehne Mann jekrisch.*

Schlimm ist es, wenn der Freier *e Mädche setze lät.* Die Grundregel ist und bleibt nun mal: *Wer met ehnem Mädche Fastelovend fiert, der soll och Äschemettwoch met em fiére.*

Ein Mädchen, das gerade noch rechtzeitig *vürem Malörche* geheiratet hat, *datt es vom Altar en et Kendbätt jefalle.* Bekam eine Unverheiratete ein Kind, sagte man ihr nach: *Datt hätt sich angele losse,* oder aber noch krasser: *Datt hätt en Plätt verlore.* Mit „Plätt" ist das dem Hufeisen nachempfundene Beschlageisen der Ochsen und Zugkühe gemeint. Bei einem unbekannten Vater wurde das Unglück so umschrieben: *Dämm singe Vatte es om Kiéscheboom versoffe.* Wer ein schwangeres Mädchen heiratet, *hätt de Koh mem Kalev jekoof.*

15. Flüche und andere Wünsche

Mit Fluchen soll angeblich vieles besser gehen. Aber das ist eine Frage des Temperaments, *wie iggelich* jemand ist. Es gibt Leute, die fluchen *op Düvel komm eruss* oder *datt de Düvel et en de Höll hüet* - und das bereits, *wänn inne e Fützje zewäesch steet.*

Das *Läckmich* des Götz von Berlichingen ist längst zum Standartfluch geworden, aber es gibt noch eine Menge anderer alter Bonner Flüche. In abgewandelter Form hört man hier sehr oft das *läck mich en de Täsch.*

Der gelindeste Ausdruck des Staunens ist *häste ens esu jätt jesenn?* gefolgt von der Feststellung *doh hüet doch alles op.* Weitere einfache Ausdrücke der Verwunderung sind: *Et es doch alles müjjelich* und *Donnerkiel noch emol!* Dann gibt es noch die Behauptung, die nicht zu stimmen braucht: *Sujätt hann ich ming Läbbdahch noch net jesenn.*

Einer der häufigsten Bonner Flüche ist: *Nuh fräck doch en ahl Jeeß.* Impulsiver klingen *Zapperlot noch emol, verfluch on zojenäht* und *ich schlare dich en Brand.*

Seinen Gegner wünscht man *hinge de Blocksbärch* oder *woh de Päffe wahs.* Gespielte Gleichgültigkeit endet oft in dem Satz: *Doh litt mir ehne ahle Dress drahn.* Mit *du kanns me de Mai piife* erhält man eine abschlägige Antwort.

Wer den genauen Zeitpunkt für die Erledigung einer bestimmten Sache wissen will, kann sich ebenfalls einen unverbindlichen Bescheid mit einem wenig verheißungsvollen Anfang einhandeln: *Morje fröh - kacken de Köh.*

Insbesondere unmögliche oder überflüssige Dinge sollte man nicht verlangen, sonst wird man sehr leicht folgendermaßen abgespeist: *Me kann och jäck senn* oder *me kann och ehne Bär zänke.*

Interessant sind immer wieder die Reaktionen auf die Meinungen der Mitmenschen. Man sagt durch eine kurze Bemerkung, daß man anderer Ansicht ist, wie etwa *blos de jätt* oder *jedresse och*. Wer einen Querkopf nicht umstimmen kann, sagt einfach: *Maach dich doch enn*.

Auf dumme Fragen gibt es auch dumme Antworten, besonders dann, wenn der Befragte sie gar nicht beantworten kann oder aus bestimmten Gründen ausweichend beantworten muß. Will einer wissen, wo sich jemand aufhält, heißt es nicht etwa „weitweg", sondern : *Der es beim Düvel singe Jroßmotte.* Oder auch: *Der es Kalek holle für de Mond ze käleke.*

25. Schlagfertigkeit bewies ein angepinkelter Hausbesitzer, dem ein Steuern zahlender Hundebesitzer sein angebliches Recht mitteilte.

Auf die Frage, wer dieses oder jenes gemacht habe, bekommt man oft zu hören: *De Blosaasch.* Und fragt jemand nach dem Weg, dann heißt es: *Emme de Nas noh, de Aasch der kütt von säleve noh.* Die Frage nach dem wo und wann wird nicht selten mit *datt wied dis Dahch en Mäel e Johr* beantwortet.

Eine nachdrückliche Beteuerung, daß man etwas mit Sicherheit nicht weiß, lautet: *Du kanns mich dut schlare, ich weeß et net.*

Wenn man einen lästigen Besucher *quitt wäéde* will, heißt es recht deutlich: *Pack ding sibbe Sackspiife zesamme on hau aff.* Eine ähnliche Aufforderung ist: *Jank noh Huus on driiß dinge Motte en et Nihkesje.*

Der Bonner ist für seine simple Schlagfertigkeit bekannt. Oft geht es nur darum, *datte net de Aap met sich maache losse well.* Wenn er übergangen wird, kommt nur die trockene Bemerkung: *Ich ben och noch doh.* Oder ganz einfach: *On de Tünn?*

Als einmal ein Hund am Haus eines Bonners *sing Baach* unterbrachte, rechtfertigte sich der Hundehalter damit, daß er für seinen Hund schließlich Steuern bezahle. Umgehend kam die Antwort: *Dann piss ich dir höck Ovend en ding Jehöösch, ich bezahle och Stüé.*

Schlagfertigkeit bewies auch jemand, der die beliebte Drohung *ich trädde dich en de Aasch* anbringen wollte, aber noch früh genug merkte, daß das mangels Masse nicht möglich war. Er dachte blitzschnell um und verkündete: *Ich trädde dich jetz en de Botz, ehne Aasch häss de joh doch net.*

16. Vom Streit bis zum Prügeln

Ein harmloser Streit ist *ehne Stööz* oder *ehne Zänk,* der sich aber leicht zum schwersten *Krach* ausweiten kann. Oft fängt es mit kleinen Unfreundlichkeiten an, etwa mit *jank me uss em Dahch,* wenn der andere aus dem dem Licht, im übertragenen Sinne aber aus dem Weg gehen soll. Eine leichte Steigerung ist die Aufforderung: *Du kanns me de Puckel eronde rötsche.* Aber das alles wird natürlich nicht befolgt und meist auch nicht *kromm jenomme.*

Ernst genommen werden auch die kleinen Sticheleien unter Freunden nicht, wie zum Beispiel: *Wänn ich dich on ming klehn Jäld beluére, dann wiéd et mir schlääsch.*

Schlimmer ist schon die Androhung: *Datt häss de kehnem Doove jesaat,* bei mir bist du an die richtige Adresse geraten. Hierzu gehört auch die Warnung: *Komm du me noch ens unge de Oore.* Eine nicht so schlimme Ankündigung ist dagegen: *Dämm werd ich ens heemlöchte.*

Kann man jemand überhaupt nicht leiden, sagt man: *Dämm könnt ich Jeff en de Aasch blose,* oder, noch drastischer: *Wänn ich der em Aasch hätt, dät ich en en de Rhing driiße.*

Für solche Leute ist das bekannte Götz-Zitat viel zu harmlos. Es wird in Bonn überboten mit *Du kanns mich krützwis am Aasch läcke.* Schlagfertige revanchieren sich mit dem Vorschlag: *Häng en dir an de Schürepoéz on läck dir en sälevs.*

Wünsche wie *hätten se dich doch als Kend mem Badewasser ussjeschött* oder *hätts de doch de Hals jebroche wie de drei Dahch alt woésch* kommen häufig vor.

Am besten kann man sich natürlich mit Menschen streiten, die von Natur aus *krabitzisch* oder *kratzbüeschtisch* sind. Zumal bei Kindern sagt man *Iipekrätzer* dazu. Wer bei ihnen nicht im rechten Augenblick nachgibt, kann sich *ennmaache.* Am besten *verdröck me sich, wänn die ihr Stech krijje.* Es gibt Leute, die sich *wäje jedem Dräck oder Dress ärjere,* ja sie ärgern sich *de Schwindsucht an de Liif.* Im übertragenen Sinne *verkloppen se sich met ihrem ejene Schatte.* Am liebsten will man *met dänne nix ze donn hann.* Man geht auch nicht zu jemand, den man nicht leiden kann: *Bei dänne hann ich noch de iéschte Trett erenn ze donn.*

26. Das Gegenteil vom behutsamen Hinübertragen ist die „Aufforderung": *Du kanns mir de Puckel eronde rötsche.*

Wird jemand im Streit entlassen oder sonst irgendwo vor die Tür gesetzt, erzählt man sich: *Dänn hann se jeflupp.* Fragt man nach dem Grund, sagt der *Jeschasste* vielleicht: *Die hatten de Peck op mich.* Meint man sich rächen zu müssen, so droht man: *Der hätt bei mir noch jätt em Salz lijje.* Auch die Warnung *datt kress de widde* oder *datt häss de kehnem Dohf jedonn* hört man oft. Nach einem Gezänk ist angeblich mit Niederschlägen zu rechnen, denn es heißt: *Wänn Äsele sich noppe, dann jitt et Rän.*

Daß beim Geld die Freundschaft aufhört, besagt die Redensart: *Wänn de met dingem bässte Frönd stregge wells, dann moss de em Jäld lihne.*

Wenn man jemanden außerordentlich stark ärgert, wird er *jepiesackt.* Das aber auch, wenn einem Schmerzen zugefügt werden. Namengebend war die rheinische Knochenflickerfamilie Pies, da die Behandlungsmethoden damals meistens schmerzhaft waren.

Das Ausmaß eines Streites wird anderen gegenüber oft übertrieben: *Ich hann en an de Dür eruss jeschmesse, datte Ärm on Been en de Luff jestipp hätt,* oder sachlicher: *Doh hann ich en Kopp övve Aasch erussjeworfe.* Von einem Hartgesottenen sagt man: *Wämme der an de Dür erusswirf, kütte an de Poéz widde erenn.*

Hat man dem anderen seine Meinung gesagt, heißt es nachher: *Dämm hann ich ens jot de Kopp jewäsche.* Er ist *ussjeschannt jewoéde.* Als Ausdruck der Geringschätzung nach einem Streit wird gesagt: *Der beluére ich mem Aasch net mih.* Oder man sagt zu ihm: *Du häss jo de Botz op.* Zur Abwehr der *Schännerei* ruft man dem *Schännbrode* zu: *Schänne, schänne deet net wih, wer schännt hätt Lüs on Flüh.* Es soll Leute geben, *dänne sitt me aan, datt se de Mul op Schänne stonn hann.*

Wegen eines Streites zum Gericht laufen, ist nicht üblich: *Dowäje määt me doch net esuéne Buhei,* oder: *Für esu e Fützje rännt me doch net nom Jereesch.* Vor allem scheut man sich, Vergessenes wieder aufzuwärmen: *Je mih me em Dress rührt, dässte mih stink er.*

Will man sich versöhnen, dann *wiéd de Stritt jedeelt.* Jeder erhält ganz einfach die Hälfte der Schuld, und zwar ohne jedwede Aufrechnung. Auf diese Weise ist schon manch ein Streit ohne Gericht aus der Welt geschafft worden.

Der Bonner schlägt nicht gern, doch droht er gern *Klöpp* oder *Schrüpp* an. Er hofft durch möglichst massive Darstellung der Folgen an der Ausführung vorbeizukommen. Das fängt schon bei kleinen Kindern an und hört bei Erwachsenen auf. Je älter der Bedrohte ist, um so drastischer sind die nicht immer ernst gemeinten Androhungen. Es wird also viel häufiger Furcht eingejagt als angepackt.

Harmlos sind noch die Warnungen an kleinere Kinder: *Du kress jetz ehne jetachtelt, du bess bahl riif* oder *maach net, dann schwaade ich dir ehne.* Genauere Bestimmungen über die Art der Strafe enthält die Drohung: *Bess stell, sons hätt ding Fott Kermes.* Noch schärfer ist die Androhung von *Aska met Schohnäjel* oder von *Knöppelzupp. Knöppelchensmusik* ist dagegen etwas ganz anderes, nämlich ein Tambourcorps.

Eine Ohrfeige ist in Bonn *en Knallzijar.* Die leichtere Form davon ist *ehne jewösch krijje.* Wenn jemandem Schmerzen zugefügt werden, wird er *jepiisackt.* Und das ganz besonders im übertragenen Sinne wenn einer außerordentlich geärgert wird.

Wenn die Kinder größer sind, werden auch die Drohungen massiver, wie etwa: *Ich schlare dich en Brand.* Auch die Warnung *du kress jetz e paar vür die Höéne* ist mehr für Heranwachsende bestimmt.

Früher war es fast selbstverständlich, daß der Lehrer in der Schule die Kinder *met de Jusch* schlug, und das sowohl auf das Hinterteil als auch auf die Hände. Mit der Hand wurde auch in den Nacken, an die Wange und auf den Rücken geschlagen. Man war sogar der Meinung: *Wer kehn Klöpp krett, uss dämm wiéd och nix.*

27. Schimpfen ist im Gegensatz zu *Klöpp* oder *Schrüpp* leiblich nicht fühlbar. Man wehrt den Keifenden ab, indem man ihn ganz einfach zu den Ungezieferträgern einreiht: *Schänne, schänne deet net wih, wer schännt hätt Lüs on Flüh.*

Angst konnte man als Kind schon bekommen, wenn man etwa *beim Nohlöffje odde Verstächespille* Pflanzen zertreten hatte und der Bauer ankam und rief: *Wänn ich dich krijje, dann kanns de ding Knöchelche eenzel widde zesammesöke.* Manchmal hieß es aber auch: *Et nächste mol kress de ehne op de Dätz.* Weitere Drohungen sind *ich haue dich op ding Tabernakel, datt dir de Zännt en de Ungebotz fleje* und *ich haue dich uss Rock on Kamesol.*

Vom *Kamesol,* einer Herrenstrickjacke, kommt das Wort *kamesöle* für prügeln. Man kann auch jemanden *kamesöle, datt em kehne Aanzoch mih pass.* Ziemlich derb aber ist die Drohung: *Wänn ich dich krijje, häste et lätzte mol wärm jedresse.* Schlimm sind auch die Prügelandrohungen unter Jugendlichen. Wenn sie jeweils verwirklicht würden, wären alle Krankenhäuser überfüllt. Vermutlich wird auf diese Weise durch massive Drohungen die eigene Wut abreagiert. Hier einige dieser Redensarten:

Ich haue dir ehne, datt dir de Zännt em Aasch rappele -
Ich hau dich vür datt Zifferblatt, datt de Zeijere op haleve elef stonn -
Ich hau dich op de Kopp, datt de Plattföß kress -
Ich schlare dir et Jeseech op de Röcke -
Wänn de von mir ehne op et Daach kress, dann rappelen ävve de Panne -
Ich schlare dich vür de Altar, datt de Hellije waggele -
Ich speih dir en et Jeseech, datte versüffs -
Du kress se jetzt, datt dir de Funke uss de Oore schlare -
Ich schlare dich pondswis uss em Aanzoch -
Ich schlare dich en de Fräss, datt dir de Zännt am Aasch erusskomme -
Ich trädde dich bahl, datt dir et Kaffewasser em Aasch koch.

Wie harmlos sind dagegen doch die Androhungen *maach, datt ich dir an de Stross komme* und *du kress se bahl jeseck.* Von starken Leuten sagt man: *Woh der hintritt, doh waas kehn Jras mih.*

Es soll Menschen geben, die sich an der Prügelei anderer ergötzen können. Daher kommt der ironische Ausspruch: *Zänkt üch net, schlaat üch leeve, dann hamme all jätt dovon.*

Es gibt auch Warnungen vor den möglichen Folgen der Prügel, wie etwa: *Hau net em Iifer* oder *maach datt de datt späde net ens led deet.* Schlagen kann man also, aber mit Maß - allerdings nicht so, wie man das von einem Schneider erzählt: *Alles met Mooß, säät de Schniide, on schlohch sing Frau met de Äll.*

Aber längst nicht alle Männer schlagen ihre Frauen. Es gibt auch gnädigere Verfahren. So wunderte sich eine Frau, daß ihre Freundin von ihrem Mann geschlagen worden war, mit den Worten: *Datt deet minge Mann ävve net. Der hätt mich ad bespeit, jestosse, jetrodde on an de Hoé jetrocke, ävve jeschlare hätt der mich noch nie.*

Von der Angst des Mannes vor Prügel kann man im Wirtshaus etwas mitbekommen: *Wänn ich ze spät komme, dann krijje ich se met de Rihf.* Andere *krijjen se jeschrupp.* Von Schlägen mit ironisch möglicher Todesfolge zeugt der Ausspruch: *Wänn ming Ahl mich krett, dann kann ich Amen sare.*

Für die Härte der Prügel gibt es verschiedene Abstufungen: Wenn man *ehne jezock krett,* ist das wenig wie etwa ein leichter Stromstoß. Wer allerdings *verpälz* worden ist, kann schon derart *verdrosche* worden sein, *datte aach Dahch net mih setze kann.* Eine etwas mildere Form ist das *Verbimchen.*

17. Schimpf- und Spottnamen

Es gibt im Bonner Raum Schimpfnamen in Hülle und Fülle. Wollte man alle aufzählen, die man hier für seine nicht immer geliebten Mitmenschen, *die ehne Ratsch em Kappes hann,* verwendet, könnte man viele Seiten damit füllen. Bekanntlich braucht, wer den Schaden hat, für den Spott nicht zu sorgen. Also tun es andere, obwohl auf den Spott die Strafe Gottes folgen soll: *Wer spott, dänn strof Jott.* Man setzt einfach voraus, daß der Verspottete normalerweise selbst Schuld an seinem Namen hat. Die Spitznamen für die äußere Erscheinung wurden schon früher erwähnt, so daß wir uns hier auf die übrigen beschränken können.

Am wenigsten kann der Bonner eine Familie leiden, wenn er *ehne Fibbes on sie ehn Quisel* ist und wenn die Kinder auch noch *verkiét* sind, also *Ängele met ehnem B dovür.* Ehne Fibbes ist jemand, der sich vor lauter Vornehmtuerei und Steifheit anderen nicht anpassen kann, während die *Quisel* alle anderen und sich selbst nicht leiden kann. Da es keinen männlichen Quisel gibt, wird er einfach *jäcke Zibbel* genannt. *Ehne Töllemes* ist ein ungeschickter Mensch. Mit *Tronskann* oder *Dröömdöppe* werden lässige und müde Menschen bezeichnet.

Wer immer schimpft, der ist *ehne ahle Knöttepitte,* und wer schmutzig ist und schmutzig redet, muß sich den Namen *Saunickel* gefallen lassen. Für unordentliche Menschen gibt es auch die Bezeichnungen *Dräcksau* und *Schmuddel.*

Eine verwegen aussehende Frau wird *Kaateschläjesch* genannt. *E Zubbelstring* oder *ehn ahl Schlamp* ist eine unordentliche Frau. *Ehn ahl Kruutsch* oder *Schruut* dagegen ist eine dumme und einfältige Frau.

Ehn Schruuz ist ein weibliches Wesen, das vor lauter Langeweile anderen lästig wird. Die Bonner Verläuferinnen bezeichnen so auch Frauen, die viel anfassen, anprobieren und fragen, dann aber nichts kaufen. Wenn das ganze Familien machen, werden sie als „Sehleute" bezeichnet. Zu den harmloseren Bezeichnungen für seltsame Mitmenschen gehören *jäck Uéschel* und *Kibbi*. Der erste Ausdruck steht nur für weibliche, der zweite nur für männliche Personen. Auch *e jäck Öllech* und *e doll Zuska* sind noch erträgliche Menschen, wenn man auch nicht viel mit ihnen zu tun haben will. Was ähnliches wie *ehne Blödmann* ist *ehne Tütenüggel*.

Wer eine Glatze oder „besser gesagt" *ehn Pläät* hat, *der wiéd für et haleve Jäld fotografiét,* weil er die Platte schon mitbringt. Der Glatzköpfige oder *Pläätekopp* wehrt sich mir den Worten: *Du häss noch nie ene Äsel met ehne Pläät jesenn.* Ähnlich heißt es auch: *Et kütt net drop aan, watt me om Kopp hätt, ävve watt me drenn hätt.*

Wer noch keine Glatze hat, ist stolz auf seinen Haarschopf. Er weiß aber, daß auch er eines Tages betroffen sein kann, wie das Rätsel zeigt: *Ich hann et net on well et och net; ävve wänn ich et hätt, jöf ich et für nix en de Wält mih her.* Ein ganz kurzer Haarschnitt, bei dem nur über der Stirn *e klehn Strüßje* stehenbleibt, ist *ehn Pläät met Vürjade.* Bezeichnungen wie *der luét wie ehn Ühl om Prommeboom* oder *der luét wie e jestoche Kalev* sagen etwas über die Blicke anderer aus. Wer schielt, ist *ehn schäel Pann Äepel.* So wird aber noch häufiger jemand verspottet, der seine Augen nicht richtig gebraucht.

Der setz doh wie ehne Aap om Schliifsteen sagt man zu einem, der abseits sitzt und sich am allgemeinen Gespräch nicht beteiligt. Ein einsilbiger Mensch wird auch als *Drühleech* bezeichnet. Wird jemand oft übervorteilt, dann steht er da *wie ehn bedressene Höhnelede* oder *wie ehne bepisste Hond.* Das Gegenteil davon ist der Ausspruch: *Wer mich bedriiße well, moss fröh opstonn.*

Wer öfters neckt, gilt als *ahle Foppbrode* oder als *Zänke.*
Ehne Spekelöres ist jemand, der überall auf seinen Vorteil
achtet; und wer sich seltsam benimmt, ist *ehne aparte Hellije.*
Dann gibt es noch *ehne ejensennije Penn,* der alles besser
weiß und nicht nachgibt. Wehleidige werden *Quaatsch* oder
Knaatsch genannt. Ein fauler Mann ist *ehne Mödmann.*
Ehn Prömm ist meist eine liebevoll gemeinte Umschreibung
für jemand, der das Herz auf dem rechten Fleck hat und in
allen Lebenslagen humorvoll reagiert. *Ehn Bühl* ist ein rauher
Mensch, der es mit viel Einsatz zu etwas bringt. Beide achten
aber darauf, daß sie keinem weh tun. Dagegen ist *ehn Kraad*
anderen gegenüber gleichgültig. Wer oft und viel Alkohol
trinkt, ist *ehn versoffene Kraad.*

Sehr schnell ist der Bonner wie übrigens auch der Eifeler
dabei, zwecks Unterscheidung und Erkennung Spitznamen zu
vergeben. Besonders dann, wenn die richtigen Namen der
Bedachten nicht bekannt oder schwer auszusprechen sind.

Wenn etwa eine neue Nachbarin sehr gesprächig und noch
laut dazu ist, kann sie leicht den Namen *de Bübbelesch*
bekommen. Eine Ältere, die sich nur mit kleinen schnellen
Schrittchen fortbewegte, war schnell als *Tibbelesch* bekannt.
Wer sehr dünne Beine hat wird so zum *Spenneflecker.* Mit
einem grinsenden Gesichtsausdruck kann man leicht zur
Laachduf werden, ein unsympathischer Mensch sogar zu
einem *Kotzkömpche.*

Als ein echter Landpastor im Jahre 1772 neu nach Lengsdorf
kam, schrieb er im Kirchenbuch den Namen der Familie
Krahe nur noch Kroo, weil er so gesprochen wurde. Im
Gegensatz dazu verhochdeutschte er den Namen Piel in Peill.
Die Verstorbenen hatten für ihn ganz einfach eine „Bauchauf-
schwellung" oder sie hatten am „hitzigen Fieber" oder an
„verborgenen Krankheitsumständen" ihr Leben beendet. Und
sehr kleine Kinder starben an der „Begabung", weil die Leute

Bejovung für die Krämpfe sagten. *Me könnt de Bejovung krijje* sagt man auch heute noch, wenn man sich über etwas ärgert.

Als die Familiennamen noch nicht fest waren, sind bei uns viele Namen nach dem Aussehen entstanden, wie etwa Krummbein, Langhals, Rotkopf oder ähnliche. Aber auch zufällige Bezeichnungen konnten leicht zum dauernden Namen werden.

So auch, als vor knapp dreihundert Jahren ein italienischsprechender Maurer in einem Eifeldorf eine neue Kirche baute. Während die Einheimischen statt mit der Maurerkelle das mit *de Truffel* taten, sagte der Zugezogene sein italienisches „Cazzuola" dafür. Das führte dazu, daß man ihn nur noch *de Cazzuola* nannte. Sein Sohn wurde im Jahre 1735 Vikar in einer Nachbarkapelle und zehn Jahre später wieder ein Dorf weiter nun mit dem festen Namen Heinrich Cazzuola dort der neue Pfarrer.

18. Zufriedenheit ist eine Zier

Zufriedenheit kann man nur erreichen, wenn man selbst etwas dazu tut: *Soll dir de Härrjott Säje jävve, moss du noh singem Welle lävve.* Es wird häufig behauptet, daß die Menschen mit steigendem Wohlstand immer unzufriedener werden. Doch gemessen an den vielen Aussprüchen, die Zufriedenheit verraten, kann die sogenannte gute alte Zeit in Wirklichkeit keine gute Zeit gewesen sein. Man war eben arm und zufrieden. So hieß es beispielsweise: *Me moss onsem Härrjott och für die klehne Äepelche dankbar senn.* Man fand sich mit allem ab, denn schließlich *hätt alles singe weeß worömm.* Ähnlich beruhigte man sich auch mit der Redensart: *Et es esu, on wänn et sich net ändert, dann bliev et esu.* Nicht einmal Mundraub kam in Frage, denn: *Wer jekläute Äppel iss, dämm bliev de Ketsch em Hals stäche.*

Zufriedenheit und *jenöchlich senn* verrät auch eine Redewendung aus der Zeit, als die Leute kaum satt zu essen hatten. Man täuschte sich selbst Abwechslung vor und sagte: *Bei ons jitt et jede Dahch jätt andesch; höck Kaffe on Äepel on morje Äepel on Kaffe.* Der Ausspruch *wänn et net ränt dann tröpp et* besagt, daß man auch mit dem Wenigen zufrieden war. Schließlich tröstete man sich so: *Wänn he nix mih loss es, jomme noh Afrika Aape fange.*

Man sagt zwar etwas überheblich, *en der Jäjend mööch ich net affjemolt senn* oder *net bejrave senn,* will aber damit ausdrücken, daß man trotz allem mit seinem Zuhause zufrieden ist.

In der Not muß man bisweilen zu einem Kompromiß bereit sein, auch wenn dabei etwas Unerwartetes herauskommt: *Wänn et net andesch es, schlöf de Mäd beim Kress.* Der gutmütige und zufriedene Mensch *jitt sing lätz Hämb fott.*

Chronisch unzufriedenen Menschen kann man es nie recht machen, auch *wämme et inne vür on hinge erenn deut.* Auch mit seinem Beruf sollte man zufrieden sein und eventuelle Nachteile in Kauf nehmen: *Wer kehne Rooch verdrare kann, soll kehne Schmedd werde.* Man sollte aber auch nicht zwei Herren dienen, denn *me kann net op zwei Füere schmedde.*

28. Unzufriedenen Menschen wurde gern ins Gewissen geredet, sie sollten Nachteile in Kauf nehmen: *Wer kehne Rooch verdrare kann, soll kehne Schmedd werde.*

Unzufriedenen Kindern wird gesagt, daß man nicht immer alles haben kann, was man möchte: *De Jeeß woll ehne lange Stätz hann on krett och kehne.*

Wer sich jeder Situation anzupassen vermag, der kann *met ehnem Ooch kriesche on met dämm andere laache.* So einer *schöddelt alles aff wie de Äsel de Rän.*

Auch in bedrohlicher Lage den Humor nicht verlieren, ist ebenfalls eine Bonner Eigenart. So ist bekannt, wie ein angetrunkener Mann durch das oft gehörte *du trauss dich net* schließlich von einer Landebrücke im Rhein landete. Seinen beiden Freunden gelang es, ihm einen Strick zuzuwerfen, den er auch ergreifen konnte. Während des Ziehens lachte plötzlich der dem Ertrinken nahgewesene laut vor sich hin. Als sie ihn wenig später gut am Ufer hatten, wollten die Freunde natürlich wissen, warum er so gelacht habe. Die Antwort war: *Ich hann jedaach, wänn ich jetz losslosse dät, fallen die zwei de längdelang op de Röckstrang.*

Der zufriedene und humorvolle Mensch ist sehr beliebt. Bei *dämm singe Tön* kann man *zebaschte laache,* besonders, *wänn er et widde am Stöck hätt.* Dann sagt man auch: *Der hätt höck sing jode Schohn aan,* ist also gut aufgelegt. Wer in sich hinein lacht, *der prömp sich ehne.*

Wenn nach getaner Arbeit andere mit einer Leistung zufrieden sind, *op der wiéd jestronz,* und der so Gelobte *föhlt sich jebauchpinselt.* Ist die Arbeit dagegen mißlungen oder *se wiéd ehnem madisch jemaat* oder gar *Huddelskrom* genannt, so wehrt er sich. Man ist nämlich der Ansicht, daß am meisten diejenigen kritisieren, *die sälevs nix op de Tapet krijje,* also selbst nichts leisten: *Wer nix braut on nix bäck, dämm och nix messjlöck.* Ähnlich ist der Spruch zu verstehen: *Wer nix määt, der määt och nix verkiét.*

Je ruhiger ein Mensch veranlagt ist, desto zufriedener ist er. *Wer wäje jedem Dräck uss de Botz sprink,* der hat auch überall etwas auszusetzen. Menschen, *die schnell uss em Hüsje senn,* sind unbeliebt. Dem ruhig Veranlagten dagegen muß man zwar *de Wöet am Hingesch erussträcke,* aber man kommt besser mit ihm aus.

Zur Unzufriedenheit gehört nun mal *et Nöstere,* also das Nörgeln. Die dicke Frau Schmitz hatte ein paarmal bei einer

Marktfrau kritisiert, daß deren Eier zu klein seien. *Datt senn jo Duveeier,* meinte sie einmal, *ür möt der Höhne sare, datt se jrößere Eier läje solle.* Darauf die *net op de Kopp jefallene* Marktfrau: *Datt hann ich ad jedonn, ävve die hann jesaat, wäje der decke Frau Schmitz riiße me ons net de Aasch op.*

29. Auch die gutmütigste Marktfrau konnte man reizen. Man brauchte nur zu sagen, ihre Eier seien zu klein.

19. Kleider machen Leute

Wer nicht weiß, was er anziehen soll, erhält die Antwort: *Et Hämb et övvesch on ehne Lackjüédel dropp.* Nach dem Motto *wer nix uss sich mät, der es och nix,* wird auf gute und saubere Kleidung geachtet: *Wie me kütt jejange, su wiéd me och ämfange.*

Vom *Plutemaat,* einem Teil des Pützchens Marktes, kennen wir für Kleidung den Ausdruck *Plute,* der eigentlich nur für abgetragene Klamotten gilt. Ironisch sagt man, wenn jemand besonders gut gekleidet ist: *Der hätt sing bäste Plute aan.* Übrigens zieht man sich in Bonn nicht an, *me deet sich aan* oder *me sprink en de Plute.* Man setzt auch eine Brille nicht auf, *me deet singe Brell aan.* Auch einen Hut setzt man nicht auf, *der deet me aan.*

In verschiedenen Redensarten wird erklärt, daß man seine Sachen pflegen soll, denn *wer jot schmärt, der jot fährt.* Das trifft besonders auf Schuhe zu: *Wer sing Schohn net schmiert, der schmiert em Schuste de Jäldbüggel.*

Wer seine Kleider *dropschlapp,* der trägt sie, *bes nix mih drahn es.* Wenn etwas kaputt gegangen ist, heißt es: *Jetz es et ävve ändjültisch am Aasch.*

Der Bonner *veräppelt* gern Leute, die sich etwas Neues gekauft haben und glauben, nun *stiifstaats* zu sein. Mancher erwartet, daß der andere nun *Bauklötz staunt* oder *stronz.* Aber wie sehr ist er enttäuscht, wenn er zu hören bekommt: *Doh häss de ävve e schön Prommehötche jekoof,* oder einfach: *Wie siss du dann uss?*

In früheren Zeiten gab es einen großen Unterschied zwischen *Sonndahchsklede* und *Werkeldahchsaanjedonns.* In der Woche trug man seine ältesten Sachen, darüber Kittel oder Schürze. Man ging auch *met de Schüez* zum Einkaufen in die Stadt.

Heute trägt man auch werktags gute Kleidung und meint: *Watt nix koss, datt es och nix.* Noch bis vor etwa hundert Jahren sah man auch die kleinen Jungen *en Kledche.* Eine Hose darunter gab es nicht; das hätte zu viel Arbeit gemacht. So konnten es auch die *Jöngelche eenfach loofe losse* und es gab keinen Ärger mit nassen Hosen. Der Holzboden wurde *mem Opnämme* aufgewischt oder einfach *drüjjejelosse.*

Ehne Punijel ist ein Nachthemd, *ehne Hampelmann* ist eine Kombination aus Unterhose und Unterhemd. Kinderhosen hatten keine Taschen, dafür konnten sie aber seitlich aufgeknöpft werden. Die *Schlaadebotz* war sehr bequem, weil man damit *op de Abtrett jonn konnt,* ohne die Hose ausziehen zu müssen.

Mit *Strompbängele,* einem Gummiband mit Knopflöchern, hat man die Strümpfe befestigt. Deshalb wurde am oberen Rand außen ein Knopf angenäht. So gab es einen rechten und einen linken Strumpf. Reiche Leute nähten zwei Knöpfe an einen Strumpf, so daß man jeden Strumpf rechts wie links tragen konnte. Der Strumpfbändel wurde oben am *Lieffe* festgemacht, an dem auch die Kinderhose angeknöpft wurde. Mit zweckentfremdeten roten Einmachgummiringen haben manche Frauen ihre Strümpfe rutschfest gehalten. Man war eben erfinderisch.

Einen neuen Hosenboden einsetzen heißt: *Ehne neue Aasch en de Botz maache.* Die Sitzfläche einer Hose wird in anderen Zusammenhängen allerdings *Botzekaah* genannt. Dieser Hosenteil wurde je nach Bedarf neu eingesetzt.

Wem seine Kleider viel zu weit sind, *der hänk en de Klede wie de Klöppel en de Jlock.* Wenn jemand sehr dünne Beine hat und in zu weiten Schuhen oder Stiefeln steht, *der sitt uss, als wänn ehn Jeeß em Ämme stönnt.* Wer sich nicht richtig zu kleiden versteht, ist *e Haleffehang.*

Wenn einer Frau der Unterrock herauskommt, sagt man: *Bei däe kütt et Huhamb für de Fröhmäss.* Wem Hemd oder Unterhose heraushängen, *der hätt jeflagg.*

Vom Schmücken des Fronleichnamaltars kommt der Ausdruck *et Altärche stivvele.* Das sagt man aber auch, wenn Frauen oder Mädchen oberhalb der Gürtellinie ansehnlich zurechtgemacht sind. Wer stark ausgeschnittene oder zu kurze Kleider trägt, *der hätt net für zwei Pänning Schamjeföhl em Ballesch.* Pantoffeln heißen in Bonn *Pantuffele* oder einfach *Schluffe.* Haben sie hinten keine Kappe, sind es *Schlappe.* Eine Herrenstrickjacke nennt man *Kamesol.* Wird jemand *kamesölt,* wird ihm allerdings keine Jacke angezogen, sondern er wird verprügelt. Ein Pullover mit Ärmeln heißt bei uns *Zwete.*

Ehne Schlopp em Zopp ist eine Schleife im Haarzopf. *Ehne Bibi* oder *e Stiffe* ist ein steifer Hut mit Kuppel. *E Sackdohch* ist ein Taschentuch.

Auch auf Kleidungsstücke beziehen sich allerlei Redensarten. Wer nicht gut hört, *hätt zwei Paa Strömp aan.* Ein unangenehmer Mensch ist *ehne Stinkstivvel.* Hat jemand einen gehörigen Schrecken bekommen, ist ihm *et Hätz en de Botz jerötsch.*

Wenn ein Mädchen *de Rock vür küete wie hinge* trägt, ist es offensichtlich schwanger. Hat jemand finanzielle Schwierigkeiten, sagt man von ihm: *Dämm es et Hämb ze kuét.* Wer dagegen *et Hämb om Aasch net legge kann,* ist ein nervöser Mensch. Der Ausdruck *ich hann et kuét Hämb aan,* wird gebraucht, wenn jemand ironisch sagen will, daß er sich schämt. Ist jemand beleidigt, fragt man ihn: *Wer hätt dir dann op et Hämb jetrodde?*

20. Wettervorhersage

Wenn man in Bonn sagt, *et trick sich zesamme,* dann braut sich an den Wolken sichtbar ein Unwetter zusammen. Im übrigen wird das aber auch gesagt, wenn irgend eine Gefahr aufkommt. Die hiesigen Wetterpropheten kommen uns mit allerlei lustigen Vorhersagen. Wenn es abends schön ist, soll es nachts Regen geben: *Mädche, die sich ovends schön maache, pissen naaks en et Bätt.*

Scheint die Sonne abends in senkrechten Streifen durch die Wolken, wird für den nächsten Tag prophezeit: *Morje jitt et Rän, de Sonn steet op Stippe.* Auch Schäfchenwolken am Morgen künden Regen an: *Ovendsschöffe hätt me jäen, Morjensschöffe pissen jäen.* Ähnlich heißt es auch: *Morjenrot jit Dräck en de Sod.* Auch Esel können Regen vorhersagen, denn *wänn de Äsele sich noppe, jitt et vell Droppe.*

Schlechtes Wetter gibt es auch, *wänn de Höhneoore wih donn.* Kommen während eines Regens Gäste zu Besuch, werden sie mit dem nicht ernst gemeinten Vorwurf empfangen: *Ür hatt ävve schläch Wädde metjebraat.* Einen zugesagten Besuch sagt man nicht so leicht ab. Zur Bekräftigung sagt man: *Ich komme, on wänn et Messjaffele ränt.*

Gutes Wetter gibt es, *wänn de Seckohmesse (Ameisen) hin on her loofe,* oder *wänn de Schwaleve huh fleje, wänn de Möcke danze* und *wänn de Rooch janz jrad huh jeet.* Man will sogar festgestellt haben, daß es schönes Wetter gibt, *wänn de Flüh sich stell hinsätze.*

Jeder Monat hat seine eigenen Wetterregeln. Besonders ergiebig ist der April: *Aprelwädde es wie ehne Kendeaasch, emol drüch, emol naaß.* Man sagt manchen Leuten nach, sie seien wetterwendisch wie der April: *Der es wie et Aprelwädde, jede Dahch andesch.*

30. Wie andere Lebewesen sollen auch Esel den Regen ankündigen können: *Wänn de Äsele sich noppe, jitt et vell Droppe.* Vom Esel sagt man auch, *me kann ehne en de Baach drive, ävve net maache, datte süff.*

Im Oktober wird ein klarer Sternenhimmel nicht gern gesehen, weil er Kälte bringen soll: *Oktoberhimmel voll met Stäen, hätt wärme Övve jäen.* Vom November heißt es: *De Novämbe es wie ehne Buure Aasch, rauh, kalt on windisch.*

Beim Pflanzen sollte man sich streng an den Kalender halten, beispielsweise *wer decke Bonne well ässe, darf de Mäez net verjässe.* Es gibt auch Wettervorhersagen zu bestimmten Tagen des Jahres, so zu Karfreitag: *Wänn et Karfriidahch ränt, bliev et datt janze Johr drüch.*

Am bekanntesten für die Vorhersage sind die Namenstage der drei Eisheiligen Pankratius, Servatius und Bonifatius, die am 12., 13. und 14. Mai gefeiert werden. *Me mössen de Iishellije affwade* heißt mit dem Pflanzen warten, bis die letzten Frosttage vorüber sind. Wenn die Kälte nicht genau auf diese Tage eintritt, dann haben die Eisheiligen sich eben etwas verschoben *odde jätt verdonn.*

Mit Sorge wird der 2. Juli erwartet, das Fest Maria Heimsuchung, denn: *Ränt et op Maria-Siif, dann ränt et vierzich Dahch.* Sehr verbreitet ist auch die Ansicht: *Friidahchswädde, Sonndahchswädde.*

31. Heu machen zählte zu den schweren und unabsehbaren Arbeiten, weil fast alles mit Sense und Rechen in Handarbeit vorsich ging. Je nach Wetterlage und Umschwung mußte mehrmals *bei Rän jehoppt* und bei Sonne *jespret* werden. Wegen der bauschigen Menge entstand der Vergleich, *Jäld wie Heuh* zu haben.

Ein leichter Regen ist *ehne Heuhdriiße,* weil er keinen Nutzen bringt: Für die Pflanzen ist er unergiebig und für das Heu sogar schädlich. Man sagt auch: *Heuh maache on freie jonn, wiéd off ömesöns jedonn.* Wie unbeliebt Regen bei der Heuernte ist, zeigt eine Umschreibung für jemand, der betrübt dreinschaut: *Der luét, als wänn et em en et Heuh jeränt hätt.* Ein etwas längerer leichter Regen ist *ehne Bunnelöcker,* denn er lockt die Bohnen zum Wachsen. Wenn Feld und Garten endlich den lange erwarteten Regen bekommen, seufzt der Bauer erleichtert auf: *Der deet nüdich.* Bei starkem Regen sagt man: *Et ränt, datt et tröötsch.* Oder auch: *Et ränt, datt et seck.* Regnet es besonders stark, dann *ränt et, datt et schött.* Wenn es sehr lange regnet, wird zum Scherz gesagt: *Jetz krijje die klehne Fesch och ens Wasse.* Eine ebenfalls nichtssagende aber lustige Feststellung ist: *En esu ehnem Wädde ränt et jäen.* Und das dann auch noch, *wänn et met Ämmere schött.* Man sagt auch zur Selbstberuhigung: *Bässe Rän wie jar kehn Wädde.*

Ist ein Gewitter im Anzug, sagt man bisweilen: *Et sitt uss, als wänn de Düvel kotze wöll,* bei starkem Regen aber: *De Ängelche senn am pisse.* Am Regen kann man angeblich die Treue des Ehemannes erkennen: *Ränt et de Frau en de Wäsch, dann es der Mann net treu.*

Eine bestimmte Variante des Regens ist das „Siefen". *Wänn et net ränt, dann siif et,* oder: *Et hätt ad widde durchjesiif,* und wenn es lang anhaltend regnet: *Datt es höck noch ens ehne Siif.* Hat es morgens gereift, wird Regen erwartet, denn: *Op Riif kütt Siif.*

Man sagt auch, *et ränt wie ehn Sau,* obwohl doch noch keiner eine Sau *räne jesenn hätt.* Und wenn einer fährt *wie ehn jesänkte Sau,* kann man schon etwas von der Schnelligkeit in beiden Fällen erahnen.

Bei starker Hitze *es e Wädde, datt de Kröh jappe,* oder *et es en Hetz wie beim Düvel en de Höll.* Der eine *schweeß sich kapott,* und der andere *könnt de Rhing uss suffe.*

Das Wort Föhn war für die Bonner kein Begriff. Man sagte einfach: *Et es schmuddelich wärm.* Bei großer Hitze *deut de Sonn janz schön*, oder *et es ehn Hetz, datt me basch.* *Wänn et ränt on de Sonn schink, hätt de Düvel Kermes.* Eine chinesisch klingende Sprechübung lautet: *Schäng de Sonn schink schön.* Wenn es Stein und Bein friert, sagt man in Bonn: *En esu ehne Källt friert et zwesche Mann on Frau.* Ein ideales Wetter für drastische Übertreibungen: *Et es esu kalt, datt ehnem de Aasch zofriert.* Sehr abgehärtete Menschen meinen: *Kalt es et iésch, wänn de Buére Iiszappe driiße.* Wie harmlos ist dagegen die Feststellung: *Et es esu kalt, ming Uére bremmsche.*

Wer sehr schnell friert, *der es ehn verkahlte Mösch* oder *der krüff noch en de Ovve.* Wer aber *kahl Föß jekräch hätt*, dem ist an irgend etwas die Lust vergangen, so daß er nicht mehr weitermachen will.

Weht bei kaltem Wetter ein starker Wind, soll sich das Wetter bald bessern: *Wadde Wädde widde watt; wänn de Wind widde weht, wiéd et Wädde widde wärme,* eine Wettervorhersage in Form einer Sprechübung.

Wie wichtig gutes Wetter für die Bauern ist, besagt der Ausspruch: *En schönem Wädde kann ehn ahl Frau mih Heuh maache wie em schläächte Wädde de Pastué mem janze Dorf.*

Wenn dennoch behauptet wird, *bei dänne es schläsch Wädde,* kann draußen der schönste Sonnenschein sein, aber im Haus ist dann Streit oder zumindest *decke Luff.* Und wer *jäjen et Wädde bubbelt,* ist ein unvernünftiger Mensch.

21. Wenn man eine Reise macht

Vor nicht langer Zeit sagte ein älterer Mann in einem Kaufhaus, als er an einer Hose ein Schildchen mit der Aufschrift „Reiseerfahren" gelesen hatte: *On mir mooten onse Botze sälevs et Reise beibränge.* So, meinte er, hätten sich die Zeiten geändert.

Über das Reisen gibt es in Bonn herzlich wenig Aussprüche. Man verreiste ja kaum einmal. Aber wenn man jemandem mal gehörig Bescheid sagen wollte, hieß es: *Doh reisen ich emol hin.* Doch das brauchte nur zwei Straßen weiter zu sein.

Einige Jahre *nohm neue Jäld,* also nach der Währungsreform von 1948, begann nach der Freß- und der Kleiderwelle erst ganz langsam die Reisewelle. Doch fanden in den ersten Jahren die Fahrten ganz selbstverständlich innerhalb Deutschlands statt.

Weil die Motorisierung nur langsam anlief, war man für die ersten Auslandstouren auf Busfahrten angewiesen. Wenn dann jemand erzählte, er wäre in Holland gewesen, konnte man oft ungläubige Gesichter sehen. Als dann die ersten Reisen nach Frankreich möglich wurden, war natürlich Paris das begehrte Reiseziel. Aus Ermangelung an Autobahnen ging solch eine Fahrt umständlich *metzendurch* Münstereifel, Blankenheim, Bitburg, Luxemburg und Reims, so daß man erst spätabends in der französischen Hauptstadt ankam.

Wie es bei solchen Reisen üblich ist, finden sich schnell kleine Grüppchen, um gemeinsam *jätt ze ungenämme.* So ging es auch einem Bonner, der schon beim ersten Frühstück im Hotel mit einem Aachener *en et Jebubbels* kam. Als der etwas *tölpelije* Aachener merkte, daß der Bonner einen Stadtplan hatte und sich so etwas ortskundig erwies, ergab sich rasch ein gemeinsamer Stadtbummel.

32. Wenn ein nichtsahnender Bonner in Paris am Ufer der Seine die Schrift auf einer Mauer lesen muß, kann schnell ein vermeintliches „Fischen verboten" herauskommen. Doch die Aufklärung folgte schon sehr bald.

Als die beiden ein Stück gegangen waren, sahen sie am Seineufer mehrmals große Schriftzüge mit dem Text „Défense d`afficher". Und schon kam die erste Frage des Aacheners: *Kannste mich sagen, watt datt heißt?* Er war *jespannt wie ehne Flitschebore.* Und dann kramte der Bonner sein ganzes Kaumfranzösisch zusammen und meinte: *Datt moss me sich nur jot beköppe. Defendere känn ich vom Latein, datt heeß esu vell wie verteidigen on verbede; on affisch, datt es jo klor, datt senn Fesch.* Mithin heiße das ganz einfach „Fischen verboten". Das leuchtete natürlich ein. Der Aachener war begeistert von dem scharfsinnigen *Weesworömm* seines freundlichen Begleiters.

Doch je mehr sie in die Innenstadt kamen, je weiter war auch das Wasser der Seine entfernt. Als dann *wick on breet kehn Wasse mih* zu sehen war, stand plötzlich an einem Bauzaun so ein großes nicht zu übersehendes Schild mit der Aufschrift „Défense d`afficher". Als unser Bonner gerade noch dachte, *hoffentlich sitte datt net,* spürte er ein *Tuppen op de Scholde,* während die andere Hand des Aacheners nach dem Schild wies. Und schon kam die peinliche Frage: *Woh senn mich dann he die Fesch?*

Von einer ähnlichen Reise einer dreiköpfigen Familie nach Italien ist folgendes bekannt: Der Kaplan hatte eine Busfahrt nach der Toskana und natürlich auch nach Florenz organisiert. Bei der Führung durch die weltberühmte Stadt mit ihren vielen Kunstwerken ging es von Kirche zu Kirche, zu Museen *on op die Bröck met dänne Jeschäfte,* der Ponte Veccio. Alles konnte er bestens erklären, als habe er hier schon mal gewohnt.

Doch wenn auf den vielen Plätzen eine bestimmte Art von Figuren zu sehen waren, ging der kunstbeflissene Kaplan hastig weiter. So auch auch auf der Piazza Signoria, wo gigantisch hoch auf dem Neptunsbrunnen über einem Viergespann ein viele Meter hoher *nackijer Mann* steht. Darauf angesprochen murmelte der Kaplan etwas von einem Unhold und eilte weiter.

Doch bekanntlich ist es ja so, daß durch solch eine Ablehnung erst recht ein Interesse geweckt werden kann. So ging es auch der schon genannten Familie, die nun unten Zwergen gleich den mächtigen Neptun betrachtete. Dann entwickelte sich ein Trigespräch, das heute kaum noch möglich wäre, weil nur noch wenige Kinder in der Öffentlichkeit platt sprechen dürfen. Aber im Ausland versteht das ja keiner.

Der Vater begann: *Luét ens, watt der für jruße Händ hätt, watt moss der vell jearbet hann.* Darauf die Mutter: *Ävve iésch die*

33. Wenn das Töchterchen hört, wie seine Eltern den Neptun beschreiben, will es auch seinen Teil dazutun, also *sing Ei erenn kloppe.* Wenn das im Ausland auf Platt geschieht, darf auch ein Kind Platt sprechen, denn es merkt ja keiner.

jruße Föß, watt moss der ad wick jeloofe senn. Wie es bei kleinen Kindern üblich ist, wollte das kleine Töchterchen natürlich *och sing Ei erenn kloppe,* und heraus kam dann ganz überzeugend: *Ävve Pippi hätte noch net vell jemaat.*

22. Was es nicht alles gibt

Es gibt viele Redensarten und Sprichwörter, die sich nicht ohne weiteres in unsere Kapitel einordnen lassen. Aus der Fülle kann hier nur eine kleine Auswahl vorgestellt werden.

Zu den Sprichwörtern mit Lebensweisheiten gehören: *Et es net alles Jold, watt blink, on och net alles Mess, watt stink.* - *Uss andelöcks Lädde kamme jot Reme schnegge.* - *Misch dich net enn, dann küste net drenn.* - *Onnräch strof sich sälevs.* - *Me moss sing Krütz met Jedold drare.* - *Wer sich unge de Kleie misch, wiéd von de Färkele jefrässe.* - *Me kann net Äppel on Birre von ehnem Boom schöddele.*

Wer sich auf Kosten anderer einen Vorteil verschaffen will, wird gefragt: *Hätt ding Motte noch mih su en schlaue?* Menschen, *met dänne net vell loss es,* soll es massenhaft geben: *Von der Soét krett me drützehn für e Dotzend.*

Wenn Unmögliches verlangt wird, heißt es bedauernd: *Och könne vür laache.* Ein unschlüssiger Mensch *lööf erömm wie ehne hattdressije Hond.*

Ein Mensch mit rauher Stimme *hätt ehn Stimm wie ehn ahl Rihf* oder *ehn Stimm für Briketts ze zälle.* Mit einer sehr tiefen Stimme kann man *de Kollekaste-Bass singe.*

Spitzbübische Erklärungen sind in Bonn nicht selten. Die Frage, warum wohl der Hase mit offenen Augen schläft, beantwortete ein *Schlauberger* so: *Weil sing Fäll ze kuét es; sons wüéd em nämlich hinge de Aasch opstonn.*

Für nicht mehr einwandfreies Obst gibt es in Bonn spezielle Ausdrücke: Während *ehne Appel knattschtisch ful* sein kann, ist *ehn Bié (Birne) fukackisch* oder *möösch.* Dasselbe kann man auch von einer Banane sagen. Obst wird sogar mit jungen Leuten verglichen: *Watt fröh riif es, datt fällt och fröh eraff.*

Ein mißlungener Kuchen ist *dätschisch* oder *patschisch,* manchmal schmeckt er auch *stecksisch;* alter Speck dagegen schmeckt *möffisch.* Auch in einer Wohnung, in der nicht gelüftet wurde, kann es *möffisch* riechen.

Den Mädchen, *die net setzebliebe wolle,* wird geraten, sich schön zu machen: *Mädche, maach dir Locke, dann bliefs de och net hocke.* Manches Mädchen hat rauhe Umgangsformen: *An dämm es ehne Jong drahn verlore jejange.* Einem Mädchen, das sich viel herausnimmt und so seine Umgebung in Staunen versetzt, auch *Schinnos* genannt, gilt die oft zu hörende komische Frage: *Wovon hätt datt datt dann, wie määt datt datt dann, datt datt datt darf?*

Was schnell gehen soll, *datt jeet wie de Düvel uss de Kirech.* Manchmal hört man auch: *Datt jeet wie ze Kölle.*

Wer etwas nicht abwarten kann, *der es esu jespannt wie ehne Flitzebore.* Wer etwas leid ist, *der es esu satt wie kaal Äetze.* Was man zurückläßt, *lät me em Ress.*

Ein Angsthase glaubt *singem ejene Aasch net mih traue ze könne.* Ein Ofenhocker geht angeblich nur deshalb nicht so gern an die frische Luft, weil er *Angs hätt, de Lüs däte em erfriére.*

Seltener Besuch, über den man sich wirklich freut, wird mit dem Worten empfangen: *Häste dich och net verloofe?* oder *jetz maache ich ävve e Krützje en de Kalände.* Ein weitläufiger Verwandter wird einfach mit *datt es e Stöck Vätte von mir* vorgestellt.

Doh ben ich ävve bahl vom Pöttche jefalle bedeutet, daß man sehr erstaunt war. Wer kein „Pöttchen" hat, fällt vor Staunen oder Schrecken einfach *de längdelang op de Röcke.*

Wer in Vereinen kleine Ehrenämter sucht oder von ihnen nicht loskommt, der ist *ehne Ämbchesjäck* oder *ehne Pössjesjäck.*

Ist der Kaffee nicht mehr heiß genug, dann ist er *esu wärem wie Ühlepiss*. Dünner Kaffee ist *Möhnepiss*, Malzkaffee ist *Muckefuck*. Süßes Malzbier wird *Möhnebié* genannt.

Ein Leichtmotorrad ist *e Föppche* oder *e Herrmännche*. Oft wird es auch Maria-Hilfs-Motorrad genannt.

Als ein schon öfters Vorbestrafter eine Gefängnisstrafe von „nur" vier Wochen erhielt, sagte er noch im Gerichtssaal: *Es datt dann och ad jätt? Datt setz ich op ehnem Aaschback aff.* Ironisch beschreibt man jemand, *der de Fingere net bei sich hale kann: Der es esu iélich, der lät Amböss on jlönlije Iisere lijje.*

Bekannt geworden ist auch eine Passage aus dem Zeugnis eines Metzgergesellen, der schon mal Suppenknochen mitgehen ließ und dabei aufgefallen war: „Er war ehrlich bis auf die Knochen."

Glaubt man, jemanden vor etwas Unerlaubtem oder gar einer Straftat warnen zu müssen, geschieht das oft mit der Drohung: *Maach net, datte noch durch de Drallije luésch* - ein Hinweis auf die Gitter an den Gefängnisfenstern. Wird jemand beim Lügen ertappt, muß man den *Lüchschwallek* abziehen lassen: *Jetz mösse me ävve de Ovvelichte opmaache.* Meistens heißt es aber ganz trocken: *Doh kamme ävve drahn föhle,* so leicht sei seine Lüge zu durchschauen.

Glaubt man sich gegen einen Besserwisser wehren zu müssen, drückt man seine Überlegenheit aus: *Du kanns doch ehne ahle Aap kehn Fratze schnegge liére.* Sieht man sich einem Komplott gegenüber, gegen das man nicht ankommt, behauptet man: *Die driißen all durch ehn Fott.* Wer einen Prozeß verliert, *der krett och noch de janze Köste an de Aasch.* Wenn man mit einer Sache nicht lange fackeln will, *doh määt me net vell Spröng met.*

Bekanntlich verliert man seine Freunde am schnellsten, wenn es einem schlecht geht oder wenn man sich bei ihnen Geld leiht - aber auch, wenn man alles weitersagt, was man über den anderen erfahren hat: *Wer alles sät, watte hüet, der wiéd all sing Frönde quitt,* und *wämme alles wöss, watt de Löck övve ehne sare, dann hätt me met all Löck Krach.*

34. Da es nur wenige Familien gab, die ein Auto hatten, hieß es sehr oft, *am Sonndahch wiéd Spaziere jejange.* Sehr beliebt waren die Ausflüge auf den Venusberg.

Reiselust kannten unsere Urgroßeltern kaum. Die meisten sind höchstens bis in die Eifel gekommen. Wenn jemand von seinen Reiseerlebnissen schwärmte, vernahm man die zufriedene Feststellung: *En de Eefel es et jrad esu schön.* Es war überhaupt schwierig, jemanden für etwas zu begeistern, was ihm bisher unbekannt war. Deshalb hört man auch heute noch die Redensart: *Watt de Bur net kännt, datt frisse net.*

In landwirtschaftlichen Betrieben befand sich der Klo meistens in der Nähe des Misthaufens, weshalb sich dort im Sommer gern die Fliegen tummelten. Deshalb ging man möglichst morgens nicht zum großen Geschäft. Auf die Frage, wann es denn besser wäre, kam augenzwinkernd die Antwort: *Am bäste meddahchs, dann setzen se om Pudding.*

Als es noch keine Kanalisation gab, mußte in der Regel zweimal im Jahr im Hof die Jauchegrube, *Addelsloch* genannt, geleert werden. *Et wuéd jehüüp.* Bevor es den Dünger gab, waren die Bauern *hingerem Addel her, wie de Düvel hinge ehne ärem Sihl.* Sie machten sich die *Hüüpkunden jäjensiggisch affspänstisch* und zahlten sogar für das Ausfahren der Abortgrube je nach Konsistenz der Jauche ein Geldstück.

Als einmal ein - wie man heute sagen würde - Nebenerwerbsbauer mit seinem Söhnchen ein großes hölzernes Jauchefaß auf seinen Acker fuhr, zerbrach plötzlich in einem Schlagloch ein Rad und die stinkende Brühe ergoß sich über die Straße. Da brüllte der Vater zum Sohn gewandt seinen ganzen Ärger heraus: *Däh, jetz hamme et janze Johr ömmesöns jedresse.*

Durch *datt Hüüpen* gab es besonders in Reihenhäusern immer eine schlimme Stinkerei, da die Jauche in Eimern durch den Flur getragen werden mußte. Wessen Garten seitlich oder hinten an die Straße grenzte, hatte es viel günstiger: *Datt senn fein Löck, die hüüpen hingen erömm.* Auch wer *ehne Poétzebau* hatte, also eine Toreinfahrt, hatte dieses Problem mit dem *Hüüp* oder *Addel* nicht.

Wenn der Bonner sich für Humor oder Vorwitz entscheiden soll, wählt er lieber den Humor. Auf einer Karnevalssitzung in einem Bonner Vorort, nachdem der Präsident den Leiter der Freiwilligen Feuerwehr und einige seiner Kollegen geehrt hatte, hörte man draußen ein Martinshorn. Kurz darauf wurden die soeben Geehrten herausgerufen. Daraufhin beruhigte der Präsident das Publikum mit den Worten: *Wahr-*

scheinlich brännt et doh irjens. Ich sare üch datt nur, datt ür net esu enttäusch sedd, wänn ür ze Huus nur noch Äsch fingt. Aber niemand ging hinaus, denn schließlich hätte man ja den nächsten Auftritt verpassen können.

35. Man konnte nach langer Zeit noch riechen, wenn so ein *Hüüptönnchen* vorbeigefahren war. Viel schlimmer aber war es, wenn so ein Gefährt umkippte.

Außerdem hält man Unglück für vorher bestimmt und somit für unvermeidbar: *Wänn et Onjlöck et well, zerbrich me sich de Finge en de Fott.* Ein Bauer, der unter eine Ladung Mist geraten war, meinte: *Me kann des Jodes och ze vell krijje.* Wer Glück hat, *dämm hätt e Ängelche en et Ué jepiss.* Man sagt auch: *Kende on Besoffene hann ehne jode Schutzängel.*

Ruhe und Humor nicht zu verlieren, auch nicht in ausweglosen Situationen, das ist eine Eigenschaft, um die man den Bonner beneiden darf.

Selbst vor und in Klöstern macht die bönnsche Lösung und Schlagfertigkeit keinen Halt. Die folgende kleine Geschichte soll sich in einem Kloster in der Nähe der Stadt zugetragen haben, und zwar zu der Zeit, als das Nüchternheitsgebot noch verlangte, vor dem Empfang der Kommunion ab Mitternacht nichts mehr zu essen oder zu trinken.

Damals gab es auch noch keine Vorabendmessen. Die Patres hatten an einem Samstagabend Namenstag gefeiert und dabei kräftig *jepött*. Plötzlich, gegen ein Uhr, blickte einer von ihnen auf die Uhr und rief entsetzt: *Mänsch, et es bahl ehn Ué, wer es höck met de Mäss drahn?* Darauf herrschte für einen Augenblick größte Ratlosigkeit. Doch dann kam unerwartet die Erleichterung, denn einer wußte Rat: *Nämme me einfach de Pater Aloysius, der litt ad seit haleve zwölef ungerem Desch.*

23. Gewissensbisse und Originale

Wie im Hochdeutschen, so gibt es auch im Bönnsch Wörter mit zweierlei Bedeutung. Aber das Gute dabei ist, daß man diese oft mit zweierlei Betonung ausspricht, so daß kaum Verwechslungen möglich sind. Das lesbar zu schreiben, ist allerdings nicht so leicht. Es gibt aber auch die Möglichkeit, durch verschiedene Artikel auszudrücken, was gemeint ist. *Datt Daach* hat man beispielsweise auf dem Haus, während *der Daach,* meistens *Dahch* gesprochen, den Tagesablauf bestimmt. Also wird für Dach und Tag das selbe Wort benutzt.

Ähnlich verhält es sich mit einem Wort, bei dem man allerdings durch die Betonung *Jeeß* oder *Jehß* hören kann, ob es sich um eine Ziege oder eine Gießkanne handelt.

Oder man erkennt zum Beispiel bei *watt Watt* an der Klein- oder Großschreibung, was gemeint ist. Im Hochdeutschen würde das viel umständlicher „was ist das aber viel Watte" heißen.

Manche schriftdeutsche Bezeichnungen kennt man in der Bonner Mundart gar nicht. Zumal für Männer ist das gut, so meint man auf den ersten Augenblick, daß es hier keinen Angeber, Widerling, Schwätzer, Zanker, Angsthasen, Narr, Tölpel, Miesepeter, Schmeichler, Schöntuer und auch keinen ungebetenen Mitgucker gibt. Aber dafür haben wir in Bonn dann doch *Stronzbüggel, Freese, Kwatschkopp, Feetscher, Botzedresser, Doll, Tölemes, Kühmbrezzel, Schmuusbroder, Möhnejrößer* und den *Spekelöres.*

Es gibt aber auch Wörter, die je nach Aussprache, einen anderen sogar bezweckten Sinn ergeben. Wie etwa *Kotzkömpche.* Das kann neben einem Spucknapf eine für den gewünschten Zweck unbrauchbare Schüssel sein. Wenn es etwa heißt, *watt brängs de me dann doh für e Kotzkömpche?*

Weitaus häufiger wird damit aber jemand bezeichnet, den man ekelhaft findet und ganz und gar nicht leiden kann. *E Kihskömpche* ist dagegen ein Hut mit runder Mulde.

Manchmal braucht man nur einen Buchstaben leicht zu ändern und schon erreicht man eine neue abstrakte Bedeutung. Wenn jemand etwas Zweifel und besorgte Unruhe hat, gibt es dafür das allumfassende Wort „Gewissensbisse". Um nun von vornherein etwas Farbe in dieses Wort zu bringen, sagt der Bönnsche *Jewissenspisse* dazu und erreicht damit eine humorvolle Zweitbedeutung, denn das sagt er natürlich auch so, wenn jemand *jewiss ens pisse* muß.

Ist dem humorvollen Bonner solch eine Überleitung gelungen, sprudeln schnell die entsprechenden erlebten oder erfundenen Scherze heraus. Wie etwa von dem oft müden Metzgermeister, der wieder mal zwischen Mittagessen und Kaffee eingeschlafen war. Um ihn nicht abrupt aus dem Schlaf zu reißen, ließ seine Frau den Kaffee aus einer wirkungsvollen Höhe in die Tasse plätschern. Doch der nur langsam erwachende Gemahl hatte noch schlaftrunken und mit geschlossenen Augen die Gefäße verwechselt und sagte nur: *Stehste ad op, Dresje?*

Dieser Metzger schlief manchmal auch während der Sonntagspredigt ein und vergaß das Wachwerden. So hörte man ihn einmal, als er erst durch das Klingeln während der Wandlung wachgeworden war, laut und noch halb träumend sagen: *Heh es de Mätzjer, wer es doh?*

Keine Gewissensbisse oder Bedenken hatte vor lauter Gleichgültigkeit der Gemischtwarenhändler, der manche Waren, die nicht mehr in die Schubladen paßten, in Tonne oder Sack auf den Boden stellte. Wer weiß, wie gern Hunde tiefstehende Dinge und die kleingeschriebene Form von *Jewiss-ens-pisse* lieben, kann sich schon denken, wie es weiterging, besonders mit dem Zuckersack in der Einmachzeit.

116

36. Wenn ein Hund sein Bein *am Herrings-faaß* hob, war das nicht so schlimm. Verhängnisvoll war das, wenn in der Einmachzeit der Zuckersack hinter der Ladentüre stand.

Eine Art von Gewissensbisse oder Dankgefühl verspürte auch der Endenicher Pfarrer Leonhard Byns, als während der Sonntagsmesse ausgerechnet seine größte Gönnerin einer Unannehmlichkeit ausgesetzt war. Byns war weit und breit für seine Mundartpredigten bekannt. Seine drastischen Erklärungen von himmlichen Freuden, Aberglaube, Demut, Konzil, Schulaufsicht und Christi Himmelfahrt sowie die Beisetzung der Witwe Kaufmann sind in dem vom Autor verfaßten Endenicher Heimatbuch festgehalten worden.

Die erwähnte großzügige Spenderin hieß Constanze Michels, die mit ihrer Familie ein Landgut auf dem Hügel hatte. Sie förderte viele kirchliche Einrichtungen, unter anderem ein

Klösterchen mit Schwestern und die Vikarie. So darf man nicht erstaunt sein, daß der als schrullig bekannte Pastor einmal seine Sonntagspredigt unterbrach und zum Küster Mehr rief: *Heinrich, träck ens de Vürhang zo, de Frau Michels schink de Sonn en et Jeseech!*

Nach dem Abzug der Soldaten Napoleons hatte der Lengsdorfer Pfarrer Heinrich Siebertz gleich seinen Freund Adolf Küpper, der bis dahin Pastor in Walberberg war, auf den Kreuzberg vermittelt. Viele Bonner, vor allem aber auch die Studenten, zogen nun sonntags zum Kreuzberg, um dort in der vollen Kirche eine deftige Predigt in Mundart hören zu können.

Ähnlich wie von Pfarrern gibt es auch überlieferte, teils sehr treffende Aussprüche von Ärzten. Einige Mädchen wurden nach dem Rosenmontagszug von einem etwas angetrunkenen Narr verfolgt, der sich eine übergroße *Schnüss* angemalt und sich so als *Bützer* verkleidet hatte. Ein Mädchen aus Widdig lief aus Angst vor der vielen Farbe und was noch darunter sein könnte derart hastig davon, daß es ausrutschte und sich den kleinen Finger etwas anbrach. Der Arzt im Krankenhaus sprach von einer komplizierten Sache, womit es noch Schwierigkeiten geben könnte. Nachdem das Mädchen ihm dann den ganzen Hergang geschildert hatte, sagte *de Dockte* dann etwas vorwurfsvoll lächelnd: *Du hätts dich bässe bütze jelosse.*

Ehne Bonner Uredockte (Ohrenarzt) fragte während einer Behandlung einmal ein heranwachsendes Mädchen, ob es auch immer schön seine Öhrchen mit Wattestäbchen reinigen würde. Auf das artig gesagte „ja" folgte dann gleich mit einem *datt dätste ävve bässe net* die knappe ärztliche Belehrung. Solche Aussprüche werden auch bei Kindern und Jugendlichen nicht so schnell vergessen, eher sogar durch öfteres Erzählen jahrzehntelang behalten.

Sehr bekannt sind die Aussprüche des Medizinalrats Carl Pelman, dem Direktor der „Provinzial-Heil- und Pflege-Anstalt" an der Kölnstraße. Statt sich an die Stirn zu tippen, hieß es zu dieser Zeit: *Wänn du esu wigge määß, küss de noch bei de Pällmann.* Von dem derben Humor des alten Pelman sind auch noch einige Sätze erhalten geblieben. Als ihm der Lehrer seines Sohnes einmal andeutete, der Filius würde Ostern vermutlich sitzenbleiben, rief ihm Pelman zu: *Pass op, datt ding Dööchte net setzeblieve, datt wör vell schlemme.* Im Jahre 1891 folgte dem verstorbenen Oberbürgermeister Hermann Jakob Doetsch nun Wilhelm Spiritus im Amt. In der Begrüßungsrede sagte Pelman: *Bes jetz wor ons Stadt verdötsch, jetz kütt de hellije Jeiß bei ons jerötsch.*

Dann gab es noch *et schäel Angenis,* die ihrem Haß gegen Männer freien Lauf ließ. Mit ihrer vorn gefransten *Naaksmötz* und einem ständigen Strickzeug konnte man sie schon von weitem erkennen. Und hören, weil sie inständig mit sich redete und über andere *kott* war und entsprechend schimpfte. Wer sich erkühnte, eine gutgemeinte Bemerkung zu machen, wurde von einem Redeschwall überschüttet und konnte nur noch das Weite suchen.

Vor allem in der Josefstraße und vor dem Studentenlokal *Beim Madämmchen* hielt sich gern der *Matheis* auf, der für eine Münze sogar durch den schlimmsten Schlamm der Kanalarbeiter robbte. Mit den Worten *ich zwinge datt allehn* wehrte er andere ab, die ihm hätten zuvorkommen können.

Die früher überall anzutreffenden Originale gibt es auch heute noch. Sie hatten fast immer eine gewisse Narrenfreiheit. Wie der Jupp, der zum Pastor sagte: *Für all Löck saren ich Du, nur für dich net.*

Oder das Dorforiginal Adam, der als ehemaliger Marinesoldat den Rest seines Lebens alles auf die Seefahrt bezog. Für alle seine Bekannten sagte er nur *Seemann* und auch er wurde so angesprochen. Wer aber nicht mit ihm *an ehnem Strang trohk,* war für ihn ganz einfach ein Seegespenst.

In Bonn kann man übrigens auch vor etwas *Strang hann,* dann ist das so ein zwischen Angst und Respekt angesiedeltes Wort. Und *wänn all Sträng riiße,* hätte unser Adam keinen *em Ress jelosse,* auch wenn einer *övve de Sträng jeschlare* wäre.

Beim Bücken lief dem Adam einmal, wie er meinte, *et Blot em Kopp zesamme wie ehnem Tintefesch.* Beispielsweise wenn er als Handwerker eine Dachrinne anbrachte. Beim Auffallen von Schnelligkeitsfehlern machte er kurzen Prozeß. Wenn etwa *die Kall* zu wenig Gefälle hatte, sah er darin nur die gute Seite, denn *de Vüjelche wollen och jätt für ze bade hann.* Seine Lebenseinstellung war, man müsse sein Erdendasein so leicht wie möglich gestalten. Und auch seine Arbeit so leicht wie möglich verrichten, also ohne unnötig viel Anstrengung, denn *met Jewalt kamme och ehn Jeeß hingen erömm hävve.* Schon gar nicht liebte er es, wenn jemand aufbauschte und *uss ehnem Futz ehne Donnerschlaach* machte.

Erzählt wird auch noch gern vom Junggesell „Issel", der sein Geld mit dem Flechten von Fußmatten aus Stroh verdiente. Mit einem Sack auf dem Rücken sammelte er in der Stadt *jedes fitzje Papier* auf, um mit dem Erlös das benötigte Stroh einkaufen zu können. Mit dem Ruf „kauft Matten" und der Güteerklärung *die hahlen, bes datt se kapott senn,* zog er damit von Haus zu Haus. Das wäre alles so weit gut gewesen, wenn nicht größere Kinder ihn bei jeder Gelegenheit geärgert hätten. Er lief dann *Banditte on Plackköpp* rufend mit einem Stein in der Hand hinterher, warf aber nie.

Noch bekannter war *de Fränze Hannes,* der als früherer Entlader von Kohleschiffen so kräftig war, daß sich keiner mit ihm anlegte. Als er alt geworden war, sang er auf der Straße zu vielen Bildern die schrecklichsten Moritaten, wobei die Leute *wäje singem Durjeneen* nicht aus dem Lachen kamen.

Ärgern konnte man ihn am besten, wenn man vor dem Ende seiner Erklärungen wegging. Dann drohte er mit den Worten: *Stonn jeblevve, sons sare ich de Schluss net mih.* *Datt bäste kütt doch noch, üe Schloteköpp.* Eigentlich erfahren wir nur wenig aus dem ganz alten Bonn, weil ganz selten etwas aufgeschrieben wurde. Und das mündlich Überlieferte hört man nur hin und wieder und dann natürlich in Bönnsch-Platt. So wie man es in der Innenstadt heute noch am ehesten von den Marktleuten hören kann, wenn etwa in bönnschem Hochdeutsch *härrlije Firsije* oder *janz frische Kollerave* ausgerufen werden.

Als noch die Bauern eigenhändig ihre selbstgezogenen Waren auf dem Markt anboten, wurde auf die einzelnen Gemüsesorten nach bestem Gewissen eingegangen. So hörte man von verschiedenen Seiten *fresch jekiénte Äeze, sälevs jeläsene Koénschlot, onjespetzte Kappes, hondet Jurke für zwei Jrosche* oder *Sprute, jarantierd net jatz (Rosenkohl, garantiert nicht bitter)* ausrufen. Eier aus dem eigenen Hühnerstall wurden so angeboten: *Fresche Eie, kehn Kesteeie.*

Durch den starken Zuzug ist natürlich für einen großen Teil der Bevölkerung der Bonner Dialekt nicht gut verständlich. Dadurch können manche früher geläufigen Wörter nicht mehr begriffen und gesprochen werden. Gleichzeitig nahmen aber die englichen Bezeichnungen überraschend schnell zu. Das führte dazu, daß althergebrachte Namen von Gaststätten oft nicht mehr verstanden und ausgesprochen werden konnten.

So hieß die Gaststätte eines ehemaligen Schneiders, der nun sein Bügeleisen erkalten ließ, *Em kahle Büjjeliise.* Als das viele nicht mehr sprechen konnten, oder gar nach der kalten Bügelliese fragten, wurde der Name eines Tages nicht mehr gebraucht. Ähnlich erging es in Duisdorf der Gaststätte *Em Hääpestillche.* Sie war nach dem konischen Stiel einer *Hääp,* einem *Flatschbeil* benannt worden. Da es Trinkgefäße für

Wein aus Steinzeug gab, die diese konische Form hatten, nannte man diese außer *Möötsche* auch *Hääpestillche.* So lag es nahe, eine Wirtschaft danach zu benennen. Als dann immer mehr Gäste die Bezeichnung nicht mehr richtig aussprechen konnten oder sogar *Hippeställche* sagten, war eine Namenänderung kaum noch zu vermeiden.

Auch andere Namen von Wirtshäusern mit ihren einladenden Schildern waren typisch bönnsch. Wie etwa „Zum goldenen Eimer" in der Josefstraße, wo der Eimer oben an einem kunstvoll geschmiedeten Halter hängend eines Morgens gefüllt war. Deshalb sagte man nunmehr *Zum beschessene Ämme.* Dann gab es noch die Wirtschaft „Zum Grönenwald" in der Stockenstraße, die etwa dort stand, wo sich heute entlang der Gaststätte Ruland der Bürgersteig befindet. Hier betrieb die Familie Engers schon im 17. Jahrhundert ein gernbesuchtes Gasthaus. Auf dem Wirtshausschild war natürlich ein grüner Baum zu sehen, der nachts manchmal abgehängt und *jäje de Fassad* gelehnt wurde, um zu sehen, ob die Hunde ihn von einem richtigen Baum unterscheiden konnten. Wenn dann morgens *de ahle Ängesch met zwei Ämmere Wasse* vom Marktbrunnen zurückkam, war die Freude über den gelungenen Streich natürlich groß.

Der oben genannte Pfarrer Byns merkte selbst keine Nachteile, als er schon über achtzig Jahre alt war und immer noch weiter machen wollte. Wohl seine Umgebung, die dem Bischof berichtete, das religiöse Leben *litt bei ons em Arjen.* Das Altwerden, so sagen Witzbolde, könne man bei sich selbst am besten feststellen, weil es in sechs Phasen geschieht. Die erste Phase beginnt demnach, *wänn de Schutzmänne emme jönger werde,* gefolgt vom *sich beschlabbere* und *emme kühme.* Dann kommt langsam die Zeit, wo man *addens jätt verjiss,* was dann nahtlos in die härtere fünfte Phase übergeht, *wämme addens verjiss de Botz zozemaache.* Doch erst richtig schlimm wird es dann, *wämme verjiss de Botz opzemaache.*

24. Bönnsche Maße und Mutterhölzchen

Wenig ist, so sagt man in Bonn, *wänn ehn Möck en de Rhing piss.* Auch viele andere Möglichkeiten, Bonner Maße zu beschreiben, sind der hochdeutschen Ausdrucksweise überlegen. Das wohl kleinste Maß ist hier *e Fiselche* oder *e Fitzje.* Das ist so wenig, daß man gar nicht weiß, wie unbeträchtlich das ist. Dann kommt *e Püütsche.* Das ist soviel, wie man zwischen zwei Finger bekommt. Es kommt also der hochdeutschen Prise gleich. *Ehn Haafel* ist eine Hand voll. Zwei Hände voll ist wieder was ganz anderes als zwei *Haafele.* Das ist nämlich das, wenn eine Frau sagt: *Minge Mann kann et kaum packe.* Es kann aber auch sein, daß er einfach etwas nicht begreifen kann. Die nächste Größe ist *ehne Ärvel;* am bekanntesten *ehne Ärvel Heuh,* also ein Arm voll Heu.

Ein Bündel heißt in Bonn *ehne Pöngel* oder noch kleiner *e Pöngelche.* Wenn man allerdings sagt *e Pöngelche Flüh,* dann sind das in Wirklichkeit aber noch viel weniger als ein Bündelchen.

Ist eine größere Menge zusammengebunden, hat man zum Beispiel *e Bond Breetlohf.* Handelt es sich aber um kleineres Gemüse, so spricht man von *ehnem Böndche Pettezillich odde Radisje. E Jebond* ist ähnlich, aber es besteht aus langstieligem Gemüse in einer meistens abgewogenen oder abgezählten Menge.

Dann gibt es hier noch *ehn Büéd,* ein meist bei Stroh gebrauchtes Maß, das einer Garbe gleichkommt. Wenn es sehr viel mehr ist, dann ist es *ehn Kah voll.*

Es gibt auch unsichtbare, aber dafür hörbare Maße. Beispielsweise für einen Vielschwätzer, denn *der hätt ehn Mul wie ehn Braatsch.* Der *Schwader* ist noch viel schlimmer als der *Bubbeler,* denn *ehnem Schwadlappe steht de Mul net still.*

Wenn es dem Zuhörer zu viel wird, hört man mitunter: *Maach de Kopp zo, de Kack wiéd kalt.* Entgegengesetzt findet mancher nicht die richtige Ausdrucksweise oder er weiß nicht, wo er anfangen soll: *Der fink singes Löffels kehne Still.*

So wie viele mit den Worten nicht sparen, müssen sie es unter Umständen mit ihrem wenigen Geld tun, auch bei den Wünschen der Kinder. Sehr oft hört man: *Kende hann kehne Welle.* Doch zwei Dinge wurden ihnen immer gern angeboten: *E jolde Nixje on e seleve Watnochjätt.* Und wollte ein Kind mit den Großen irgendwohin fahren, hieß es: *Du jees met, wänn die andere fahre* oder *du fährs mem Heimbleibeskähche.*

Als der Herd noch das wichtigste Stück in einer Wohnung war, erforderte das oft mehrmals nötige *Aanmaache* des Feuers ein gewisses Geschick. In früheren Jahrhunderten war es üblich, daß Frauen und Kinder im Wald das erforderliche Kleinholz suchten. Später konnten wohlhabende Familien in Lebensmittelgeschäften sogenanntes *Aanmaachholz* kaufen. Es war mit dünnen Drähten zusammengebunden.

Doch *rische Löck* gab es kaum. So war es allgemein üblich, daß auch später noch für das täglich erforderliche Anmachen des Herdes Reisig und Holzstücke gesammelt und kleingemacht wurden. Wenn eine Hausfrau fertige *Holzpöngelche* im Geschäft kaufte, mußte sie sich gewöhnlich sagen lassen, sie würde *et Jäld am Finster eruss werfe.*

Noch bevor die Anmachhölzchen angeboten wurden, war *de Luhkoche* ein begehrtes Herdanmachmittel. Es gab fast berufsmäßige *Luhkochebäcker,* die mit einem Gemisch aus Eichenholzabfällen, Gerberlohe und Wasser ihre Eisenformen füllten und alles *met de Bläckföß* einstampften.

Nachdem die genannte Mischung *an de Luff jedrüch* war, konnten die einzelnen Stücke für zwei Pfennige verkauft werden. Aber selbst dieser Preis war für viele Familien noch zu hoch.

37. Weil jeden Tag der Herd angemacht werden mußte, war das
Sammeln und Mitbringen von *Aanmaachholz* eine fast lebenswichtige
Angelegenheit. Später brachten die Arbeiter fast täglich *e Pöngelche
Holz* von der Arbeit mit nach Hause.

Viel einfacher hatten es da die Frauen von Bauarbeitern und
Schreinern. Es war nämlich üblich, daß sie tagsüber angesam-
meltes Abfallholz schon *op de Arbet* auf Ofenlänge zurecht-
schnitten und in ihrer *Arbetstäsch* an die Stelle der schon
verkimmelten Botteramm plazierten, um es ungesehen mitneh-
men zu können. *Mutterhölzjen* sagten sie dazu, weil es ein fast
tägliches Mitbringsel für ihre Mutter und später für die Mutter
ihrer Kinder war.

Bekanntlich wird eine schlechte Angewohnheit mit der Zeit
immer mehr ausgenutzt. Wenn *der Ahl* nicht da war, trug man
wie selbstverständlich seine zwei Bündel Holz offen nach
Hause. So auch unser Josef. Einmal erwischte ihn sein Chef

beim Verlassen des Betriebes dann doch mit zwei dicken Bündeln. Josef verteidigte sich damit, das sei doch bei allen so üblich; und er gab auch zu, er habe jeden Tag *ming zwei Pöngelche Holz* mitgenommen.

Doch dem Sägewerksbesitzer ließ es keine Ruhe, daß er solche *Kläumänner* im Betrieb haben sollte. Er rechnete und rechnete und kam auf allerhand Mengen Holz. Am nächsten Tag nahm er sich den eigentlich sehr fleißigen Josef *an Sick* und hielt ihm vor, daß er in den fast 25 Jahren bei ihm sieben Lastwagen Holz hätte mitgehen lassen. Eigentlich müsse es dafür eine Strafe geben.

Ein Wort gab das andere, bis man sich schließlich darauf einigte, Josef sollte am nächsten Samstag beichten gehen, dann könne man ja erfahren, wie schwer das Delikt sei. Josef kniete sich dann auch in den Beichtstuhl und brachte erst seine normalen läßlichen Sünden vor, wie zu spät zur Messe gekommen, unandächtig gebetet und dergleichen. Dann erst kam er in leisem Ton zur Sache: *On dann, Herr Pastur, hann ich noch sibbe Lastware voll Holz jekläut.*

Da wurde der Pastor etwas ungehalten: *Josef, bes du dann von allen juten Jeistern verlassen. Sibbe Ware voll, datt moss me sich emol vürställe, sibbe Ware voll.* Und nach einer kleinen Weile sagte er dann: *Du bess doch em Säjewerk am arbede, worömm häss de dann net jede Dahch zwei Pöngelche metjenomme.*

PLAN DER STADT BONN,

Herausgegeben vom Städt. Verkehrsamt

Erläuterungen:

■ Öffentliche Gebäude	═══ Wege	━━━ Staatseisenbahnen	━•━ elektr. Strassenbahn mit Haltestellen
▨ Privatgebäude	···· Fußwege	━o━ elektr. Fernbahnen	≈≈ Gewässer
▨ Wald	▨ Anlagen		

m 100   0   500   1000 m